文旅融合背景下

红色文化体验、传承与价值共创研究

刘佳雪 ◎ 著

中国农业出版社
北　京

图书在版编目（CIP）数据

文旅融合背景下红色文化体验、传承与价值共创研究/刘佳雪著．—北京：中国农业出版社，2023.7
ISBN 978-7-109-30565-6

Ⅰ.①文…　Ⅱ.①刘…　Ⅲ.①革命纪念地一旅游资源开发一研究一中国　Ⅳ.①F592.3

中国国家版本馆CIP数据核字（2023）第068944号

中国农业出版社出版
地址：北京市朝阳区麦子店街18号楼
邮编：100125
责任编辑：刁乾超　　文字编辑：吴沁茹
版式设计：王　怡　　责任校对：吴丽婷
印刷：中农印务有限公司
版次：2023年7月第1版
印次：2023年7月北京第1次印刷
发行：新华书店北京发行所
开本：787mm×1092mm　1/16
印张：8.25
字数：200千字
定价：42.00元

前　言

近百年来，中国共产党在领导人民进行革命建设、改革发展的历史进程中，积累了内涵丰富、具有不同时代特点的红色文化，革命英雄、革命精神、革命文物代表着党走过的光辉历程、取得的重大成就，展现了党的梦想和追求、情怀和担当、牺牲和奉献，汇聚成党的红色血脉。在新的发展阶段，红色文化作为中华民族宝贵的历史遗产和精神财富，需要在传承、创新、发展螺旋式的上升过程中，薪火相传，历久弥新。将红色文化和红色资源优势转变成发展优势，推动红色文化与旅游的深度融合是实现这一目标的有效途径。在文旅融合背景下，明确历史方位，顺应时代潮流，切实传承好红色基因，促进红色文化与红色旅游融合发展已经成为一项重要课题。

南京雨花台是中国共产党人和爱国志士最集中的殉难地，也是全国最具代表性的革命烈士纪念地之一。“雨花英烈精神”和“井冈山精神”“长征精神”“延安精神”一脉相承，是中国共产党人宝贵的精神财富。南京雨花台风景区是全国重点文物保护单位、全国爱国主义教育示范基地、国家首批AAAA级旅游区和百家红色旅游经典景区之一，是红色旅游与红色文化融合发展的代表性案例。南京雨花台风景区一直是南京晓庄学院重要的实践教学和社会服务基地，在南京雨花台牺牲的众多烈士中，包括著名的晓庄十英烈。依托南京雨花台风景区校企合作基地，本书集中了长期的教学研究、社会服务中丰富的一手资料，开展了多角度、多层次和系统化的红色文化与红色旅游研究，是作者在该领域多年积累和持续探索的成果。

“行之力则知愈进，知之深则行愈达。”当前国内红色旅游研究方兴未艾，研究视角多元，多从红色旅游资源开发、爱国主义教育、党史学习等对红色旅游发展进行研究，对通过红色旅游体验促进红色文化传播和传承的研究相对不足。本书立足游客参与“价值共创”的视角，梳理了红色文化与红色旅游融合发展的内在逻辑，引入互动仪式链理论、体验记忆理论和SOR模型，针对红色旅游体验满意度、难忘的红色旅游体验、红色旅游者情绪唤起与情感共鸣、红色文化遗产活化体验与旅游者持续参与意愿、红色旅游者价值共创行为的影响路径和机制进行了实证检验和分析，在此基础上，探究红色记忆旅游资源开发、红色旅游景区形象定位与传播、红色纪念性空间叙事与认同建构的路径和模式，并提出了针对性的建议，丰富和拓展了红色文化传承与红色旅游融合发展研究的深度和广度。

研究过程中响应“要把论文写在祖国的大地上，把科技成果应用在实现现代化的伟大事业中”的要求，深入实地调研，对游客体验、在线评论、景区一线工作人员、管理者和文化领域的专家学者进行深度访谈，获取了大量第一手资料和研究数据，并不断优化研究设计。针对不同研究内容，遴选适宜的研究方法，综合采用定性与定量相结合、模型与实证相结合的思路，针对红色旅游体验与旅游者行为、红色记忆旅游资源开发和旅游景区形象建构等不同议题，分别采用了网络文本分析法、深度访谈法、问卷调查法、结构方程模型分析法等，夯实了研究结论的可靠性与应用性。

党的十八大以来，习近平总书记足迹遍布大江南北，并多次强调要“用好红色资源，传承好红色基因，把红色江山世世代代传下去”。《中华人民共和国国民经济和社会发展第十四个五年规划和2035年远景目标纲要》中提到，要发展社会主义先进文化，提升国家文化软实力要坚持以文塑旅，以旅彰文，打造独具魅力的中华文化旅游体验；要推进红色旅游、文化遗产旅游、旅游演艺等创新发展。党的二十大报告再次强调“坚持以文塑旅、以旅彰文，推动文化和旅游融合发展”。挖掘、整理、传播、传承红色文化，协同推进红色基因传承与红色旅游高质量发展，营造红色精神和文化传统传播、传承的社会环境，打造独具魅力的红色文化旅游体验，是新时代提升文化自信、建设文化强国的重要组成部分。红色血脉经由旅游而传承弘扬，旅游活动因红色文化而丰富生动。在文旅融合的时代背景下，本书基于游客主体视角，对红色文化体验、传承与价值共创相关议题进行研究，希望能够“抛砖引玉”，供南京雨花台风景区以及类似红色旅游景区管理和服务的提质增效参考，对红色文化传承和红色旅游的高质量发展有所裨益。

本书的研究工作得到了南京晓庄学院旅游与社会管理学院领导和同事的帮助和支持，特此表示衷心感谢，同时感谢在研究中参与和协助问卷调查、数据采集和分析的同学们。感谢出版社的同仁为本书出版付出的辛勤劳动。书中有部分内容参考了其他学者的研究成果，已在参考文献中列出，在此一并致谢。
由于作者水平有限，虽几经改稿，书中错误和缺点在所难免，烦请读者包涵并不吝赐教。

刘佳雪

目　录

第一章　研究的缘起

第一节　新时代红色文化传承与弘扬的实践逻辑

一、红色文化是党和国家之魂

文化是一个国家、一个民族的灵魂。近百年来，中国共产党在领导人民进行革命建设、改革发展的历史进程中，积累了内涵丰富、具有不同时代特点的红色文化，革命英雄、革命精神、革命文物代表着党走过的光辉历程、取得的重大成就，展现了党的梦想和追求、情怀和担当、牺牲和奉献，汇聚成党的红色血脉。红色文化凝结了中国共产党在领导人民进行革命、建设、改革发展的历史性斗争中形成的坚定而执着的理想信念，奠定了中国共产党执政地位合法性的文化基础，具有持久的文化影响力。

中华民族之所以能屡经磨难而屹立不倒，中华优秀文化之所以能绵延不绝，关键在于我们民族的精神追求、精神特质、精神脉络一脉相承，传承、创新、发展是中华文化带有深刻民族烙印的固有品格。红色文化融合了红色与文化的核心内涵，不仅是马克思主义中国化实践发展和理论创新的精神动力，而且是构建国家形象、加强理想信念教育和形成国家认同的重要元素。红色文化是中华民族优秀传统文化的一部分，需要在传承、创新、发展的螺旋式上升过程中薪火相传、历久弥新。

二、传承和弘扬红色文化是美好生活建设的重要内容

红色是中国共产党、中华人民共和国最鲜亮的底色①。传承和弘扬红色文化，就是要传承红色文化精神②。新时代革命的本质已经不再是流血牺牲，而是开拓创新，勇敢开拓出新的生产方式和价值实现方式。在新的历史条件下继承和发展红色文化，要把红色历史、红色文化符号、红色文化意义有机结合起来，学习、研究红色文化历史，搜集、完善、凝聚红色文化符号，体会、弘扬、拥护红色文化。党的十九大报告明确指出，当前社会的主要矛盾是人民日益增长的美好生活需要和不平衡不充分的发展之间的矛盾，美好生活建设离不开高质量的精神文化生活和品质服务业。旅游作为品质服务业和文化服务业，在传承红色文化、传播革命理念、展现光辉岁月及提升人民的幸福感、获得感和安全感方

① 沈永福．赓续红色血脉 汲取前进力量［EB/OL］．［2021-07-03］．http：//www.qstheory.cn/dukan/qs/2021-07/03/c_1127618900.htm.

② 金民卿．红色文化的精神传承与理想信念的当代建构［J］．井冈山大学学报（社会科学版），2015（1）：15-19.

面具有一定的适宜性，是促进美好生活建设、社会高质量发展的有效途径。红色旅游作为具有中国特色的实践活动，还可以更深层次地增加游客和广大人民群众的历史认同、政党认同和国家认同，营造红色文化传承的社会环境和氛围。

三、文旅融合是传承弘扬红色文化的有效途径

所谓“读万卷书，行万里路”，人们普遍认为旅行是很好的学习方式，旅游可以促进终身学习。文化与旅游具有共同的体验属性，在新发展阶段，休闲旅游已成为人们获取知识、发展技能、开阔眼界、提升自我的重要手段，随着人们对终身学习的需求不断增加，旅游的潜在教育价值被不断重视和深入挖掘。红色文化作为一系列内涵丰富的具象实物和抽象概念的集合，文化底蕴和价值观的传递与内化需要在一定的场域中实现。红色旅游的过程，既是观光赏景的过程，也是学习历史、增长知识、陶冶情操、提高修养的过程。红色旅游是红色文化在历史、理论和实践层面的重要应用场景，是其价值意蕴表达的社会实践场域。

以讲好中国故事为着力点，在旅游场域中，红色文化表现出独特的吸引力、主题性和体验感。红色文化赋予旅游新的时代特色，红色旅游能够生动传承、展示红色记忆，弘扬革命精神内涵，培育新的时代精神，推动广大公民思想道德的升华，是建设社会主义先进文化的有效途径。红色文化与旅游融合创新可以有效提高公众对红色文化传承的参与度和关注度，重温国家记忆，增强凝聚力，有效传承和弘扬红色文化。

第二节　红色文化与旅游的融合共生

随着经济社会发展水平的进步，基础设施和公共服务的完善，旅游者文化体验和消费需求的增长，旅游已经转化为一种生活方式，旅游消费成为日常生活消费的重要组成部分①，旅游业呈现出健康、持续、快速的发展新态势。以旅游的方式传播文化，让红色文化、革命文化深入游客灵魂，能够形成更为广泛的、基础的文化共识和文化自信，并产生国家认同。深化文化和旅游融合创新，用好红色资源，讲好红色故事，发挥红色文化赋能作用，把革命传统教育与旅游产业发展结合起来，提升红色旅游产品的体验感、获得感和参与度，营造红色精神和文化传统传播、传承的社会环境。服务文化强国和美好生活建设是文化旅游产业提质增效的客观需要，更是新时代立德树人、以文化人的应有之义。

一、用好红色资源是红色旅游高质量发展的基础和归宿

新民主主义革命以来，以中国共产党领导人民建树丰功伟绩所形成的纪念地、标志物为载体，以其所承载的革命历史、革命事迹和革命精神为内涵的红色资源，包括优良作风、道德品质和时代精神等，记录了中国社会最深刻、最伟大变革的历史足迹，涵括了中

---

① 中华人民共和国中央人民政府．中华人民共和国国民经济和社会发展第十四个五年规划和 2035 年远景目标纲要［R /OL］．（2021 - 03 - 12）［2021 - 03 - 13］．http：//www. gov. cn/xinwen/2021 - 03/13/content _ 5592681. htm.

国共产党把马克思主义基本原理同中国具体实际相结合、同中华优秀传统文化相结合，领导团结全国各族人民在革命、建设、改革过程中形成的具有历史价值、教育意义、纪念意义的物质财富和精神财富①②。

党的十九大明确中国经济已由高速增长阶段转入高质量发展阶段，其本质上是追求提质增效，以满足人民日益增长的美好生活需要为目标的高效率、公平、绿色和可持续发展。红色旅游的吸引力、凝聚力不仅来源于秀丽的自然风光和旅游体验好感的上升，更在于旅游过程中对红色历史的深层次感悟和现场近距离体会，贴近历史、贴近实际，把握中国共产党历史的丰富厚重和精神文化的博大精深。自 2004 年年底首个《全国红色发展规划纲要》发布以来，红色旅游持续蓬勃发展③。截至 2021 年年底，全国已有 300 处红色旅游经典景区，许多省份有自己的红色旅游经典景区（表 1－1）④。形成全面反映新民主主义革命、社会主义革命和建设、改革开放和社会主义现代化建设、习近平新时代中国特色社会主义 4 个历史时期成就的红色旅游经典景区体系。广袤中华大地上星罗棋布的红色资源，正在转化成一个个寓教于游的红色景区，成为广大党员接受党史学习教育、加强党性修养的有效载体，成为人民群众特别是青少年传承红色基因、接受红色精神洗礼的生动课堂。

表 1－1 部分红色旅游经典景区

红色旅游资源类型	代表性景区	所属行政区域
烈士陵园	雨花台烈士陵园	江苏省南京市
	杨靖宇烈士陵园	吉林省通化市
	川陕革命根据地红军烈士陵园	四川省巴中市
	晋冀鲁豫烈士陵园	河北省邯郸市
	华北军区烈士陵园	河北省石家庄市
	天津市盘山烈士陵园	天津市蓟州区
	广州起义烈士陵园	广东省广州市
革命圣地	井冈山市红色旅游景区	江西省井冈山市
	延安革命纪念馆	陕西省延安市宝塔区
	西柏坡纪念博物馆	河北省石家庄市
	王家坪、凤凰山、清凉山革命旧址	陕西省延安市

① 王春霞．红色文化在国家治理现代化视域下的功能发挥［J］．思想教育研究，2020（7）：110－115.

② 张蕴．从红色资源中汲取精神滋养和前进力量［N/OL］．光明日报，2021－07－21［2021－07－21］．http：//www. qstheory. cn/qshyjx/2021－07/21/c _ 1127677293. htm.

③ 中共中央办公厅，国务院办公厅．2004—2010 年全国红色旅游发展规划纲要［EB/OL］．［2012－02－22］．https：//zfxxgk. ndrc. gov. cn/web/iteminfo. jsp? id＝112.

④ 安蓓，何宗渝．300 处景区进入《全国红色旅游经典景区名录》［EB /OL］．［2016－12－29］．http：//www. gov. cn/xinwen/2016－12/29/content _ 5154261. htm.

（续）

红色旅游资源类型	代表性景区	所属行政区域
伟人故里	韶山毛泽东同志故居 邓小平故居陈列馆和邓小平纪念馆 贺龙故居和贺龙纪念馆 朱德同志故居纪念馆	湖南省韶山市 四川省广安市 湖南省张家界市 四川省仪陇县
革命历史事件和活动遗址遗迹	平型关战役遗址 百团大战总指挥部砖壁旧址 刘邓大军挺进大别山前方指挥部旧址	山西省灵丘县 山西省长治市 安徽省金寨县
革命历史纪念馆	红军长征纪念馆 中国人民抗日战争纪念馆 遵义会议纪念馆 八路军太行纪念馆 东北抗联史实陈列馆	四川省成都市 北京市丰台区 贵州省遵义市 山西省长治市 辽宁省本溪市

宝贵的红色资源承载着永不褪色的红色记忆，也是新时代加强理想信念教育、文化旅游产业提质增效最宝贵的资源。红色旅游肩负着传播红色文化、传承革命传统和满足人民群众文化需求的社会使命。一方面，红色文化是极具吸引力的旅游资源，为旅游经济增长和产业内部的优化升级提供支撑，可以增强旅游产业活力，带来经济、社会、文化等多重效益；另一方面，旅游产业为红色文化的传承和传播提供了有效途径和重要载体，让红色文化更易解读、可以深度体验，从横向、纵向上扩大了红色文化影响的广度和深度①。2018年，中共中央办公厅、国务院办公厅发布的《关于实施革命文物保护利用工程（2018—2022年）的意见》指出，革命文物凝结着中国共产党的光荣历史，展现了近代以来中国人民英勇奋斗的壮丽篇章，是革命文化的物质载体，是激发爱国热情、振奋民族精神的深厚滋养，是中国共产党团结带领中国人民不忘初心、继续前进的力量源泉②。红色文化和旅游产业有机结合和深度融合是互动共荣的客观需要，也是发展的必然规律。

二、红色文化与旅游融合是文化强国建设的有力支撑

红色文化和旅游产业融合实现高质量发展是健全现代文化产业体系的重要一环，红色文化和旅游产业融合不仅要体现经济属性，更要实现教育功能。《中华人民共和国国民经济和社会发展第十四个五年规划和2035年远景目标纲要》明确提出，发展社会主义先进文化、提升国家文化软实力要坚持以文塑旅、以旅彰文，打造独具魅力的中华文化旅游体

① 李响．红色文化和旅游产业：文旅融合的困境与路径［J］．学术交流，2021（7）：119-129.

② 中共中央办公厅，国务院办公厅．关于实施革命文物保护利用工程（2018—2022年）的意见［N/OL］．［2018-07-29］．http：//www.gov.cn/zhengce/2018-07/29/content_5310268.htm.

验，推进红色旅游、文化遗产旅游、旅游演艺等创新发展①。从文化和旅游部公布的统计数据来看②，2004—2019 年，全国接待红色旅游游客数量从 1.4 亿人次增长到 14.1 亿人次。"十三五"期间，国内红色旅游的市场份额维持在 11% 以上。

携程、驴妈妈、同程和去哪儿等旅游平台统计数据显示，2021 年上半年，红色旅游景区预订量同比增长超 2 倍③，红色旅游的客群正呈现越来越年轻化的趋势，80 后、90 后占比达 70%；30%的家庭选择红色亲子游。《中国红色旅游消费大数据报告（2021）》数据显示，2021 年参与调查者中，参加红色旅游的次数达到 3 次以上的游客占 41.7%，其中，参加红色旅游次数超过 5 次的游客占 7.1%，最重要的是有 40%以上的游客经常且自愿选择红色景区进行学习参观。超过 40%的年轻游客对红色旅游的兴趣点在于"沉浸式体验"，从深度讲解到科技体验，能帮助他们了解很多历史知识。各地红色旅游景区和爱国主义教育基地纷纷推出系列活动，"红色＋研学""红色＋生态""红色＋乡村"成为寒暑假期间旅游的热门选择。

红色旅游作为一种精神文化消费，受到越来越多游客的追捧。通过参观、游览红色纪念地、标志物，重温红色记忆，受到红色文化熏陶，构建和再建自身的国家和政党认同，增强道路自信、理论自信、制度自信、文化自信。红色元素为旅游产业增添"红色印记"，有助于拉动文化和旅游消费增长，带动旅游产业提档升级，带来经济效益的同时还创造了社会文化价值，拓展了旅游产业文化内涵的广度和深度。红色旅游让更多的人了解红色文化，受到熏陶和教育，涵养家国情怀，影响旅游者游后行为，并带动旅游地经济发展。

红色旅游作为红色文化传播的有效途径，能够从纵向、横向上扩大红色文化影响力。一方面，在旅游中融入对革命先烈的缅怀、敬仰之情，对广大人民群众进行爱国主义和优秀革命传统的教育，有助于广大干部群众尊重历史、尊重实际，加深对中国历史、中国革命史和中国共产党历史的了解和感悟，在历史现场感悟红色文化的厚重和震撼，激发起干部群众的爱国情怀和全心全意为人民服务的精神力量；另一方面，红色旅游作为红色文化传播的有效平台和载体，通过红色文化内容的生产和创新，提升旅游者对红色文化的认知和理解，激发旅游者的集体主义和爱国主义情怀，增强文化自信和文化自觉，鼓励旅游者充分参与红色旅游活动，并增加弘扬红色文化、宣传红色文化的新生力量。

第三节　红色文化与旅游融合发展面临的困境

红色旅游"火"起来的同时，红色文化遗产和红色旅游的可持续发展面临多重挑战。

---

① 中华人民共和国国民经济和社会发展第十四个五年规划和 2035 年远景目标纲要［M］. 北京：人民出版社，2021：107.

② 光明网经济编辑部. 文旅部：2004 年至 2019 年 红色旅游人次从 1.4 亿增值 14.1 亿［EB/OL］. ［2021－03－24］. https：//m. gmw. cn/baijia/2021－03/24/34713690. html.

③ 下午市场零距离. 乐言商业：上半年红色旅游预订量同比增两倍 80 后 90 后客群占七成. ［EB /OL］. ［2021－07－01］. https：//www. yicai. com/video/101097800. html.

一方面，红色遗迹遍布大江南北，红色旅游景区数量增长迅速，但资源和产品趋同明显；另一方面，大部分红色遗址、遗迹归口文物保护部门，红色旅游景区多为国家和政府所有，红色资源的政治工具性成为目的地管理的重要方面①，在开发利用过程中硬件设施条件改善较快，软性服务的提升则参差不齐；大部分红色景区向公众免费开放，但红色旅游的公众参与程度不高，吸引力及休闲观光价值的公众认知偏低，以单位或集体组织等被动参与为主，市场化程度有待进一步提升②。

一、红色资源开发方式雷同，旅游产品同质化

红色旅游产业已经走过发展起步阶段，自《2004—2010年全国红色旅游发展规划纲要》发布以来，红色旅游规模快速增长，红色旅游人数稳步增长，与之相对的是红色资源开发方式雷同，产品同质化；文化根脉植入不足，过于依赖旅游资源支撑。

一方面，红色文化符号的提取，首先要考虑的是红色文化的精神内涵，“包括理想、信仰、思想、道德规范、价值观念体系和科学文化知识等”③，以红色精神为根基，提炼有特色的文化符号。很多红色旅游景区仿制过去的建筑风格，甚至是各景区之间相互模仿，导致景区之间的风格差异极小，让许多游客产生“游一地顶十地”的想法，阻碍了红色旅游产业的良性发展，尤其是对偏远地区的红色旅游景点影响更大。

另一方面，要善于通过讲故事和体验等方式生动地再现文化精神，除了传统的展览展示外，讲好红色故事、丰富红色文化符号的呈现方式是红色文化传承的关键。长期以来，红色文化的宣传偏重意识形态上的宏大叙事，对红色文化如何作为文化基因融入民众日常生活，成为民众行为规范则考虑不够。历史文化资料展陈方式传统，互动体验少，不能满足游客多层次的体验需求，难以让游客长时间停留和再次旅游，游客对红色景区的向往感和憧憬感不够。需要增强红色文化体验的人文化和仪式感，通过体验价值创新，实现红色文化资源向红色文化资本的转化。

二、景区建设重硬件轻软件，服务能力不足

红色文化资源要充分发挥其经济、社会价值，除了硬件条件的建设，软性服务能力的提升也十分关键。由于红色旅游具有特殊社会效益属性，许多红色景区是免费开放的。近些年红色旅游需求不断增长，各种资源保护和公共服务成本逐年上涨，现有的资金投入不能满足快速增长的需要，导致景区发展内生动力不足，缺少活力。各级政府对红色景区投入的资金虽逐年上涨，但缺乏灵活性，价值生产和创新能力欠缺。

一方面，许多红色景点周边没有附属的其他纪念馆，也没有相关的红色旅游文化产品，导致旅游者在此停留时间短，许多旅游者放弃来此参观的意愿。景区服务设施较为简陋，许多红色旅游景区位置偏僻，通行不便，周边的餐饮、购物、休闲、厕所等相关设施都较为简陋，不便利的食、住、行让许多旅游者望而却步，从而导致当地的红色旅游业发

① 张红艳，马肖飞．新格局下基于国家认同的红色旅游发展［J］．经济问题，2020（1）：123-129.

② 周功梅，宋瑞．我国公众对红色旅游的认知与态度研究［J］．旅游研究，2022，14（3）：1-16.

③ 葛舒阳．论红色文化的意识形态价值［J］．思想政治教育研究，2016，32（2）：47-50.

展滞后，使红色旅游陷入恶性循环。另一方面，景区服务功能欠缺，景区内没有有效的服务平台和电子服务导台，缺少服务人员，服务质量差，许多红色景区讲解员数量不足，仅对大型旅游团提供讲解服务，不能满足旅游散客的讲解需求，导致红色旅游仅停留在图片和文字层面，很难使红色文化的教育功能发挥作用。当今的红色旅游业急需从文化特色、文化符号的角度深入挖掘创新，将从红色文化资源中提炼出的文化符号转变成可视、可听、可感、可体验的服务产品；摸清市场及消费者的体验需求和消费动机，将文化资源所传递的价值观与社会主流价值观精准匹配，开发完善的文化产品体系，才能在传承红色文化的同时实现社会、经济价值的创造。

三、目的地营销方式传统，文化传播力弱

有产业作为基础，才能发展好红色旅游品牌和红色旅游产业，提高产业竞争力，形成核心竞争力。一方面，围绕红色文化特色，在服务、流通、传播过程中注入智能化、个性化、时尚化的特色，纵向探索深度体验、精准营销，融爱国主义教育、红色研学、仪式体验和文化创意等于一体，促进红色旅游产业提质增效。另一方面，红色旅游与第一、二、三产业融合不仅能够带动相关产业升级，还是探索中国特色红色文化产业现代化道路的必然要求①。建立层次丰富的红色文旅产业链，跨行业拓展产业范围，使红色旅游与乡村旅游、文化遗产、工业旅游融合发展。

新媒体的产生给人们的日常生活带来了极大的便利，可以利用新媒体与红色旅游文化相结合的方式，推动宣传营销全媒体格局创新发展，强化在搜索引擎、微博、微信、短视频平台、移动设备、微电影等新媒体的创新性营销，通过多渠道宣传提升景区的知名度和整体形象，线上线下共同弘扬红色文化，提升红色旅游的吸引力和品牌影响力。部分红色景区的宣传方式以地方性传播媒介为主，不善于利用互联网作为宣传新阵地，辐射带动作用弱，宣传不出省甚至不出市成为常态，因此能吸纳的游客数量十分有限。需要加强跨地区营销合作和对外文化交流融合，形成全方位、多层次、多领域的对外文化旅游交流新格局。

第四节 研究目的和意义

红色旅游承载着博大精深的文化底蕴，在不断深化和发展社会主义核心价值观传播的同时，加强育人工作的亲和力和针对性，正在成为新时代红色资源挖掘保护、红色文化传承和传播的重要途径和方式，是还原和贴近历史和时代的“移动课堂”。在文旅融合背景下，明确历史方位，顺应时代潮流，切实传承好红色基因，文化旅游与红色文化融合发展已经成为一项重要课题。如何做到真融合、深融合和广融合，使红色文化“可感”“可知”“可游”，是当前文化建设和旅游发展面临的重大课题。与红色旅游在实践领域发挥越来越明显的作用不一致的是，对红色旅游传承红色文化的基础理论研究仍然薄弱，对红色旅游

① 戴斌，马晓芬．大力推进红色旅游高质量发展的若干思考［J］．湖南社会科学，2021（4）：77-85.

传承红色文化和红色育人的路径和机制还缺乏深入的理论探讨，尚处于“知其然，而不知其所有然”的状态。

在美好生活建设和旅游高质量发展背景下，不仅需要在健全红色资源保护与开发方面下足功夫，更需要从游客视角对红色旅游的需求端进行研究，提高产品和服务的有效供给，形成红色文化传承的社会网络，实现红色旅游的可持续发展。随着体验经济的兴起和游客旅游意识的增强，旅游市场的竞争日趋激烈，传统的“产品生产”理念逐渐被“价值创造”逻辑代替。旅游体验和消费方式发生了新的变化，旅游体验不是由供给方单方创造的，而是由供给方、合作者、旅游者和其他利益相关者共同创造的①。游客也是旅游产品价值的创造者，通过寻找和分享信息、承担责任、人际互动来实施参与行为，并会对旅游产品进行反馈、支持、帮助和宽容，以此实现与旅游产品生产者的价值共创②。如何通过开展红色旅游活动，让旅游者与国家和民族历史建立情感联结，成为红色记忆和精神的传承者、传播者，从而夯实红色文化的群众基础，发挥红色文化对国家认同、文化自信的正向作用是一个值得研究的议题。营造红色精神和文化传统传播、传承的社会环境，是促进文化旅游产业提质增效、文化强国和美好生活建设不可或缺的一环，急需通过资源载体—旅游体验—价值共创—品牌营销的整合研究来寻求突破。

---

① 卫海英，毛立静．服务仪式对消费者幸福感的影响研究——基于互动仪式链视角［J］．暨南学报（哲学社会科学版），2019，41（12）：79－90.

② 宋瑞．如何真正实现文化与旅游的融合发展［J］．人民论坛·学术前沿，2019（11）：24－35.

第二章　关键概念和理论逻辑

第一节　关键概念的界定

一、红色文化

从历史脉络来看，中国文化包含中华优秀传统文化、红色文化、社会主义先进文化三个层面，其中红色文化起着承前启后、继往开来的作用。红色文化植根于中华优秀传统文化的沃土之中，既传承与发展了优秀传统文化，又为社会主义先进文化注入了养分。红色文化产生于中华民族前所未有之大变革时代，独特的文化传统，独特的历史命运，独特的基本国情，铸就了红色文化区别于中华优秀传统文化的独特“气质”。

1925 年，毛泽东在《中国社会各阶级的分析》一文中指出：“现在世界上的局面，是革命和反革命两大势力作最后斗争的局面。这两大势力竖起了两面大旗：一面是红色的革命的大旗，第三国际高举着，号召全世界一切被压迫阶级集合于其旗帜之下；一面是白色的反革命的大旗，国际联盟高举着，号召全世界一切反革命分子集合于其旗帜之下。”[①] 1927 年 9 月 9 日，毛泽东、卢德铭在湖南东部和江西西部领导工农革命军（被称为“红军”）举行秋收起义，标志着党独立领导武装斗争的开始。之后，红军队伍不断发展壮大，在党的领导下开辟了红色革命根据地（延安等），涌现了《闪闪的红星》《红旗飘飘》《红灯记》等一系列经典文艺作品。红色既是中国共产党的标志性颜色，又是中国传统文化中受崇拜和喜爱的颜色[②]，因而成为具有鲜明特色的文化符号。革命战争时期，中国共产党在带领人民群众，为了救亡图存，推翻旧的不合理制度，建立新制度而开展的一系列反帝反封建反侵略的伟大斗争中流血牺牲，形成了坚定信仰、不屈不挠、视死如归、顾全大局、奋斗不息、不畏牺牲、乐于奉献的革命大无畏精神，这种精神进而演变成共产党人的理想信念、道德情操和价值诉求，红色成为共产党人的精神象征。在社会主义建设时期，共产党作为无产阶级政党的主体地位不变，共产党人为绝大多数人谋福利的宗旨和初心不变。但新时代革命的本质不再是流血牺牲，而是开拓创新，勇敢开拓出新的生产方式和生活方式，实现中华民族伟大复兴，满足人民群众日益增长的对美好生活的向往。

红色是一种精神，也是一种文化。在不同的社会发展阶段，红色文化的具体表现形

① 毛泽东．毛泽东选集：第 1 卷［M］．北京：人民出版社，1991：4.

② 葛舒阳．论红色文化的意识形态价值［J］．思想政治教育研究，2016，32（2）：47－50.

式也在不断拓展并与时俱进。广义上，红色文化是中国共产党领导中国人民在旧民主主义革命、新民主主义革命、社会主义建设以及改革开放时期所形成的物质文化、制度文化和精神文化的有机统一①。其中，物质文化如革命战争遗址、重大事件发生地、纪念地及其珍贵实物等内容；制度文化主要是理论、纲领、路线、方针、政策等；精神文化包括革命精神、文化传统和社会主义核心价值体系等内容。狭义上，红色文化既可以被视作革命文化、先进文化和特色文化的高度凝结②，也是国家文化软实力的重要组成部分。

二、红色旅游

“红色旅游”一词最早于 1991 年在中国江西提出③，2004 年 12 月，中共中央办公厅、国务院办公厅发布了《2004—2010 年全国红色旅游发展规划纲要》④，首次明确了红色旅游的概念及其发展意义：“红色旅游，主要是指以中国共产党领导人民在革命和战争时期建树丰功伟绩所形成的纪念地、标志物为载体，以其所承载的革命历史、革命事迹和革命精神为内涵，组织接待旅游者开展缅怀学习、参观游览的主题性旅游活动。”之后在 2011 年和 2016 年分别发布了《2011—2015 年全国红色旅游发展规划纲要》⑤ 和《2016—2020 年全国红色旅游发展规划纲要》⑥，红色旅游的内涵范畴延展至鸦片战争以来的爱国主义壮丽诗篇，特别是中国共产党成立以来，在革命、建设、改革的各个历史时期所形成的，体现全国各族人民浴血奋战、艰苦奋斗、开拓进取，以及实现国家昌盛和民族复兴的伟大梦想的地点、活动和现象。这些政策性文件已成为指导全国红色旅游发展的纲领性文件。红色旅游相关规划和政策文件见表 2-1。

表 2-1　红色旅游相关规划和政策文件

文件	重点阐述
《2004—2010 年全国红色旅游发展规划纲要》	大力发展红色旅游，并总结发展意义、发展方向以及详细思路
《2011—2015 年全国红色旅游发展规划纲要》	确立了红色旅游的指导思想、基本原则、发展目标和重点工作
《2016—2020 年全国红色旅游发展规划纲要》	借鉴已有发展途径，谋划新路子，推出新举措，凸显创意
《“十四五”文化和旅游发展规划》(2021 年)	要突出爱国主义和革命传统教育，提升红色旅游发展水平，创新红色旅游展陈方式，提升红色旅游发展活力

① 金民卿．红色文化的精神传承与理想信念的当代建构［J］．井冈山大学学报（社会科学版），2015，36（1）：15-19.

② 蒋长春．国内游客对红色文化感知的差异性研究——以延安红色旅游为例［J］．河北大学学报（哲学社会科学版），2013，38（4）：75-80.

③ Tang W，Zhang L，Yang Y. Can red tourism construct red memories? Evidence from tourists at Mount Jinggang，China［J］．Journal of Destination Marketing & Management，2021，20：1-11.

④ 中共中央办公厅，国务院办公厅．2004—2010 年全国红色旅游发展规划纲要［Z］．2004.

⑤ 中共中央办公厅，国务院办公厅．2011—2015 年全国红色旅游发展规划纲要［Z］．2011.

⑥ 中共中央办公厅，国务院办公厅．2016—2020 年全国红色旅游发展规划纲要［Z］．2016.

（续）

文件	重点阐述
《“十四五”旅游发展规划》（2022年）	提出支持革命老区、边疆地区、民族地区和欠发达地区发挥特色旅游资源优势，打造一批红色旅游融合发展示范区

在国外，也有类似的具有爱国主义、历史怀旧、革命和战争纪念意义的战争旅游、爱国主义旅游和黑色旅游活动[①]，研究集中在主客关系、遗产解说和旅游体验特征等方面，如西欧国家的旅游者到访中东欧的前社会主义国家，通过“共产主义遗产旅游（communist heritage tourism)”来满足其好奇心；黑色旅游是一种既能带来一般意义上的旅游愉悦体验，又具有独特的死亡关照特性的旅游类型，参观的对象与死亡、暴力、苦难和灾难有关[②]。由于政治制度和社会文化环境的差异，我国开展红色旅游的目的是培育和弘扬社会主义核心价值观，加强青少年思想道德建设、党团学习教育，推进爱国主义和革命传统教育大众化、常态化，红色旅游被进一步赋予了国家宏大叙事、意识形态宣传、公民教育、扶贫富民等实践内涵，具有鲜明的中国特色，既是重要的政治工程、文化工程，也是红色文化价值创造的路径，我国的红色旅游有别于国外的“共产主义遗产旅游”和黑色旅游[③④]。

三、文旅融合

在新的发展阶段，传承和弘扬具有中国特色的红色文化，与体验创新、价值创新、传播创新、人们的幸福指数提升形成越来越重要的关联。红色旅游要“上层次、上品质”，更多地与人们的幸福指数提升相关联，就需要研究红色旅游的国家旅游模式与居民幸福感的关系。融合是活化利用资源的有效方式[⑤]。文化产业和旅游产业在价值观念、业务模式、运作流程等方面表现出差异性，又在资源、功能、服务和要素上相互交叉和渗透，动态化的要素资源整合与重组会产生较强的耦合协同效应[⑥]。文旅融合就是文化产业、旅游产业和要素间打破原有边界，通过交叉重组、有机整合、互相渗透等方式形成新“文—旅”体系（共生体）的过程，具有深度和层次两个维度[⑦]。通过文化和旅游的思想融合、体制融合、技术融合、资源融合、业态融合、空间融合、管理融合、规划融合等多维度融

① 晏兰萍，洪文文，方百寿．“红色旅游”与“黑色旅游”比较探讨［J］．井冈山学院学报，2008（3）：109-112.

② Tang W, Zhang L, Yang Y. Can red tourism construct red memories? Evidence from tourists at Mount Jinggang, China [J]. Journal of Destination Marketing & Management, 2021, 20: 1-11.

③ 方叶林，章尚正，毛玲玲，等．黑色教育旅游真实性外文文献研究述评［J］．北京第二外国语学院学报，2011，33（5）：32-39.

④ 剌利青，徐菲菲，何云梦，等．基于游客视角的红色旅游资源开发价值共创机制［J］．自然资源学报，2021，36（7）：1647-1657.

⑤ 潘颖，邹君，刘雅倩，等．乡村振兴视角下传统村落活态性特征及作用机制研究［J］．人文地理，2022，37（2）：132-140，192.

⑥ 厉新建，宋昌耀，殷婷婷．高质量文旅融合发展的学术再思考：难点和路径［J］．旅游学刊，2022，37（2）：5-6.

⑦ 吴才唤，张钰婷．红色文旅融合：基本概念、内在逻辑与实践路径［J］．图书馆，2022（11）：31-37.

合，通过动态化的磨合和产业优化，促进有效的资源配置和整合优化；通过功能建构和价值创新，建设新型的文旅产业价值链，推动文旅转型升级，构筑多元立体的文旅产业体系①。文化和旅游的融合共生，能使文化走向“远方”，旅游也更有“诗意”。在新时代背景下，红色文化是推动旅游业行稳致远的驱动力，旅游是弘扬与传承红色文化血脉的有效方式。红色旅游是传承革命文化和先进社会主义文化的有效载体，是一项挖掘、整理、保护、展示和传承红色文化遗产的伟大工程。红色文化是我国一种重要的精神财富，是中国特色社会主义先进文化的重要组成部分，传承红色文化，寻找与当地旅游相结合的纽带，以文旅融合视角开展综合研究，对促进区域经济发展具有重要意义（图 2-1）。

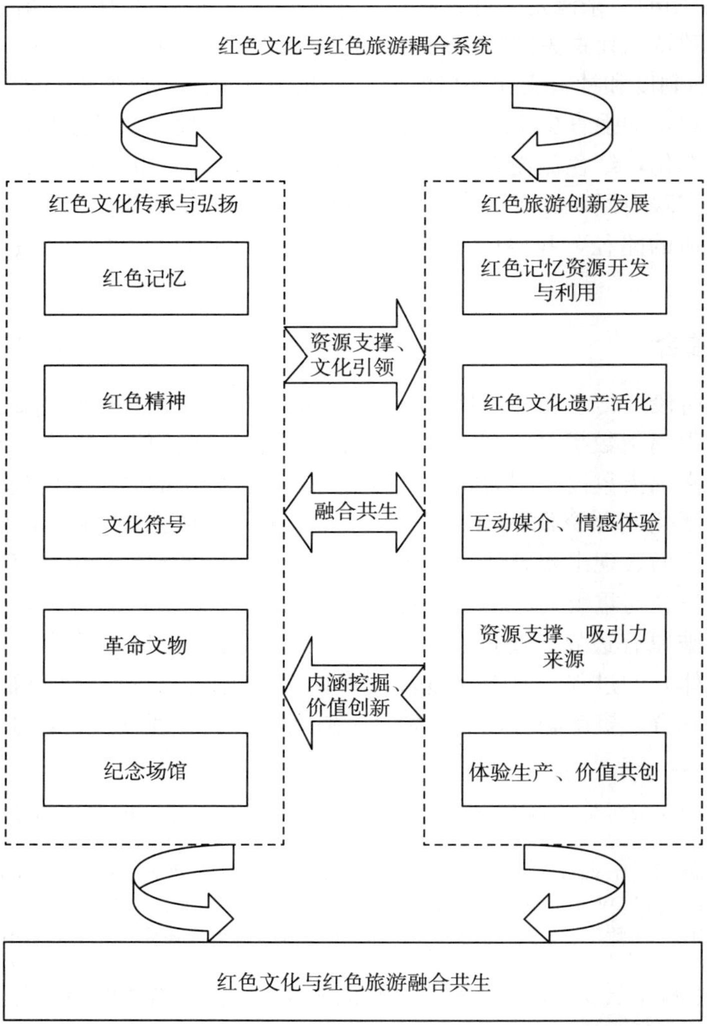

图 2-1　红色文化与红色旅游融合共生的关系路径

① 李卫飞，方世敏，阎友兵，等．红色旅游传承红色记忆的理论逻辑与动态过程［J］．自然资源学报，2021，36（11）：2736-2747.

四、价值共创

价值共创（value co-creation）是指至少两个行动者以特定形式进行互利合作，并为自身创造价值，强调服务网络下的行动者通过参与互动共同创造价值①②。Vargo 和 Lusch 的服务主导逻辑理论（service dominant logic）提出获取操作性资源（如专业知识、技能等）是人们进行交换的目的，顾客成为服务的共同生产者，商品则成为操作性资源的传递者，是顾客共同创造价值的工具③。消费者和其他利益相关者通过交互作用形成消费体验，这种消费体验是个性的，从而实现价值生产和创造方式的重塑和升华，这里的价值主要指体验价值。体验价值深刻影响着消费者对生产者的满意度、忠诚度和口碑评价，体验价值共创也是红色旅游创新发展的趋势和方向。

当前学者基于不同的理论视角对价值共创核心维度进行划分，Yi 和 Gong 从顾客行为的视角，将价值共创划分为消费者的公民行为和参与行为两个维度，公民行为涵盖了品牌信息反馈、成员帮助、品牌错误的接纳和原谅等，参与行为主要包括信息搜索、分享和互动等④。价值是双方主体互动的产物，Ranjan 和 Read 依托价值理论视角，将价值共创细分为使用价值和共同生产两个维度，使用价值主要包括知识分享、平等和互动，共同生产则是指个性化体验与融洽关系等⑤。Busser 和 Shulga 也采用了价值和资源的视角，将价值共创划分为意义性、合作、有形资源的贡献、无形资源的贡献、认知识别、情感反应⑥。虽然学者对价值共创概念内涵的理解未达成一致，但多数对价值共创的研究是基于参与成员（企业、顾客等）、价值、资源分配等视角展开的。

第二节 红色文化与红色旅游融合发展的理论逻辑

一、记忆理论与红色记忆

人文地理学认为地方（place）是人与区域情感联系创造出的意义空间，是人与社会

① Storbacka K，Brodie R J，BoHmann T，et al. Actor engagement as a microfoundation for value co-creation [J]. Journal of Business Research，2016，69（8）：3005－3017.

② Martina Čaić，Gaby O S，Dominik M. Service robots：value co-creation and co-destruction in elderly care networks [J]. Journal of Service Management，2018，29（2）：178－205.

③ Vargo S L，Lusch R F. Evolving to a New Dominant Logic for Marketing [J]. Journal of Marketing，2004，68（1）：1－17.

④ Ranjan K R，Read S. Value co-creation：concept and measurement [J]. Journal of the Academy of Marketing Science，2016，44（3）：290－315.

⑤ Busser J A，Shulga L V. Co-created value：Multidimensional scale and nomological network [J]. Tourism Management. 2018，65：69－86.

⑥ Ardakani M K，Oloonabadi S S A. Collective Memory as An Efficient Agent in Sustainable Urban Conservation. Procedia Engineering，2011，21（1）：985－988.

记忆建构、价值感知、情感体验的空间载体①。地方是关系与情感的意义中心②③，地方在长期的人地互动中不断存留和创造独特的地方记忆，成为刻画地方意涵与文化价值的重要内容。所谓集体记忆（collective memory）是特定社会群体的成员共享往事的过程和结果。集体记忆根植于地方社会发展过程并受多重社会要素的影响，其发展演化并非历史过往的机械积累与保存，而是一个在现有参照框架下不断被再创造、修正与重构的社会建构过程。记忆群体嵌入相应的历史与社会文化情境中，依托记忆本底不断赋予集体记忆新的时代诉求，搭建起与过去联系的桥梁，进而选择性地遗忘或动态性地建构新的集体记忆，反映社会结构的变迁④。奥斯曼在集体记忆的基础上，将文化记忆界定为"所有通过一个社会的互动框架指导行为和经验的知识"⑤。文化记忆理论对文化记忆的时间维度、功能维度、媒介维度、权力维度和建构维度的系统分析，深度揭示了人类文明传承的内在逻辑，并丰富和细化了集体记忆研究。

红色记忆作为红色文化的重要组成部分，凝聚着党的优良作风和光荣传统，是党的重要精神资源，是一种典型的集体记忆和文化记忆。其一，红色记忆依靠象征革命意义的红色符号进行传递，这与文化记忆"依靠符号传承，与当下相关联，并指向未来"的特点相一致；其二，红色记忆蕴含在红色纪念空间、红色图形、革命历史剧、红色歌谣之中，这与文化记忆的媒介特征相一致⑥；其三，红色记忆在凝聚共识、达成集体认同和政党认同等方面具有显著的作用⑦，与文化记忆的核心功能"为群体提供身份认同，并为当下提供合法性"相一致（表 2 - 2）⑧。总的来看，红色记忆的符号传播特征、媒介特征、构建身份认同与政权合法性特征、与政治权力的密切关系、高度的社会建构性，都表明了红色记忆是一种典型的文化记忆。从文化记忆的角度解析红色记忆的传递、唤起和巩固，红色记忆中的文本系统、意象系统和仪式系统是什么，红色旅游与文化记忆媒介之间的关系又是什么，对上述问题的探析有助于阐明红色旅游传承红色记忆的理论逻辑。

---

① Ardakani M K, Oloonabadi S S A. Collective Memory as An Efficient Agent in Sustainable Urban Conservation. Procedia Engineering, 2011, 21 (1): 985 - 988.

② 白凯，胡宪洋，吕洋洋，等．丽江古城慢活地方性的呈现与形成［J］．地理学报，2017，72（6）：1104 - 1117.

③ 白凯，康晓媛，王博林．延安城市居民红色记忆的建构路径与代际差异［J］．自然资源学报，2021，36（7）：1631 - 1646.

④ 吕龙，黄震方，陈晓艳．文化记忆视角下乡村旅游地的文化研究进展及框架构建［J］．人文地理，2018，33（2）：35 - 42.

⑤ 李凡，朱竑，黄维．从地理学视角看城市历史文化景观集体记忆的研究［J］．人文地理，2010，25（4）：60 - 66.

⑥ 薛文静，吴春涛．基于集体记忆的纪念景观访问动机与体验研究——以"5・12"汶川地震北川老县城遗址为例［J］．旅游论坛，2022，15（3）：46 - 56.

⑦ 马云，钱俊希，唐雪琼．基于集体记忆的红色旅游地地方性建构——以云南宾川新庄红军村为例［J］．热带地理，2022，42（6）：997 - 1008.

⑧ 李卫飞，方世敏，阎友兵，等．红色旅游传承红色记忆的理论逻辑与动态过程［J］．自然资源学报，2021，36（11）：2736 - 2747.

表 2-2　红色记忆与文化记忆核心特征的对比

文化记忆的特征	红色记忆在文化记忆特征上的具体表现
时间特征：主要表现在文化记忆的时间跨度比交际记忆更大，因此需要依靠符号来传承，它与当下相关联，并指向未来	红色记忆在很大程度上已经成了一种精神现象和政治现象；红色记忆作为一种符号，将当代人与红色革命历史联系在一起，并为当代人如何看待过去、现在和未来指明了方向
媒介特征：文化记忆依靠文本系统、意象系统、仪式系统等文化符号来传承，由软记忆和硬记忆来承载	红色记忆媒介特征体现在红色纪念空间、红色图形、革命历史剧、红色歌谣等软件记忆和硬记忆系统上
功能特征：文化记忆的核心功能是为群体提供身份认同，并为当下提供合法性	红色记忆在凝聚共识、达成集体认同和政党认同等方面具有显著的作用；红色记忆是对当前和未来国家政治合法性认同的共同价值基础
权力特征：记忆背后的权力逻辑决定了哪些过去的记忆可以进入文化记忆，哪些记忆不能进入文化记忆	政权合法性建设导致红色记忆大规模涌现，红色记忆再生产本质上属于政治行为，红色记忆的再生产必须依循国家政党意志
建构特征：文化记忆是一种追溯性的结构，在权力逻辑的指引下，由社会群体建构而成	红色记忆是对过去的一种选择性建构，既以红色精神的历史本源为线索，又被当前社会的关注形塑

二、符号互动与红色旅游体验

符号是由能指和指所构成的符号形式与符号内容的二元关系①，符号通过其阐释过程发挥作用，比如语言、文字、动作、物品甚至场景等，这种意义建构的过程也被称为符号化。例如：文字是一种符号，它是认识或使用该种文字的人的沟通工具。语言是最丰富、最灵活的一个符号系统，通过口头语言、身体语言（包括表情与体态）等，人们可以传达各种意义，实现复杂交往。物品也是重要的符号，比如校徽是一所学校的代表，国旗是国家的象征。一个事物之所以成为符号，是因为人们赋予了它某种意义，而这种意义是大家（相关的人们）所公认的。符号互动论（symbolic interactionism）认为事物本身不存在客观的意义，事物的意义是人在社会互动过程中赋予的②。人在社会互动过程中，根据自身对事物意义的理解来应对事物，人对事物意义的理解可以随着社会互动的过程而发生改变，不是绝对不变的，这一论断提供了旅游体验实证研究的方法论启示。旅游是一种意义生成的实践③，多方行动者通过参与实践的方式赋予旅游吸引物意义，整个旅游体验过程其实是一个符号的解读过程④。符号学理论一直是剖析和阐释旅游体验和地方的重要框架和视角⑤，学者们一致认同，旅游者在旅游过程中更多的是在寻找旅游元素的符号意义⑥。

---

① 董培海，李庆雷，李伟．旅游吸引物的符号化研究［J］．广西民族研究，2016（6）：162-169.

② 孙九霞，周一．遗产旅游地居民的地方认同——“碉乡”符号、记忆与空间［J］．地理研究，2015，34（12）：2381-2394.

③ MacCannell D. Staged authenticity：Arrangements of social space in tourist settings［J］. American Journal of Sociology，1973，79（3）：589-603.

④ Soica S. Tourism as practice of making meaning［J］. Annals of Tourism Research，2016，61：96-110.

⑤ 席建超，葛全胜，成升魁，等．符号吸引理论与旅游资源发展模式的实证分析——以雍和宫为例［J］．资源科学，2006（3）：114-119.

⑥ 陈岗．旅游者符号实践的概念框架及其动态分析［J］．旅游学刊，2018，33（11）：66-74.

对红色旅游地而言，战争、牺牲、理想、信念等主题与意义是旅游者无法直接感知和认知的，它必须借助符号实体来表现，也就是说，符号实体和象征意义起到了连接物质性旅游元素和精神性旅游体验的桥梁作用。

三、互动仪式链理论与红色旅游体验价值共创

纳尔什·格雷本在《东道主与游客》一书中将旅游视为相对于“日常的工作”而言的“神圣旅程”，认为每一段世俗或神圣生活的开始和结尾都以仪式为标志，将旅游视为一种“世俗仪式”已经成为旅游人类学研究的经典视角之一①②③。在仪式理论的诸多流派中，美国社会学家兰德尔·柯林斯（Randall Collins）提出的互动仪式链（interaction ritual chains）理论是集大成者。他认为互动仪式是人们在社会生活中最基本的活动，在社会中，人们的交往都是在特定的小环境中进行的，由各种微观环境之间的联系和互动发展构成的连锁性关系，就是互动仪式链④。互动仪式主要包括4个要素：首先，同一地点必须有两个或更多人同时在场，不管他们会不会刻意地注意彼此，他们都会彼此产生影响；其次，限制了局外人的范围，这样，参加者就可以清楚地分辨出哪些人在范围内，哪些人不在范围内；再次，人们必须集中精力在一个共同的物体上，或做同样的事情，并将注意力集中在彼此之间都关注的信息上；最后，人们会分享同样的感情和情感经历（图2-2）。根据互动仪式链理论，仪式过程中需要统一的互动符号和情感共享，通过现场聚集后的相互分享和相互感染，共同的关注可以拉近成员间的距离。人们在这一场仪式的狂欢中获得身份认同，有利于建立和谐的人际关系、增进积极的情感体验，通过互动仪式过程将微观社会和宏观社会统一起来。

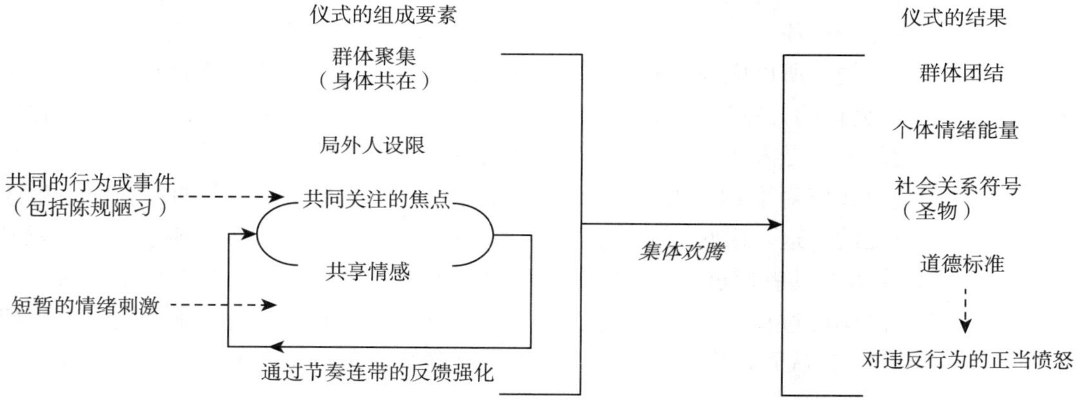

图2-2 互动仪式链的组成要素和过程结果

（引自柯林斯《互动仪式链》）

① Graburn N, Smith V. Hosts and Guests: The Anthropology of Tourism [M]. London: Cognizant Communications Press, 2001: 42-47.

② 彭兆荣. 人类学仪式的理论与实践 [M]. 北京：民族出版社，2007：2，29-30.

③ 张晓萍. “旅游是一种现代朝圣”刍议 [J]. 云南民族学院学报（哲学社会科学版），2003 (4)：91-93.

④ 柯林斯. 互动仪式链 [M]. 林聚任，王鹏，宋丽君，译. 北京：商务印书馆，2012.

在文化记忆的传递、唤起和巩固过程中，必须借助仪式系统，才能将文本系统（能指）和意象系统（所指）连接起来，实现记忆的传承。研究表明，非功能性的群体仪式可以使群体成员之间的联结更加紧密和融洽，旅游情境下游客的参与和互动对体验和价值的创造均具有关键作用①。现场共创是"当身体和大脑在活动中积极参与，以及在体验环境中与其他主体互动时旅游者所经历的心理事件之和"②。在旅游体验过程中，其核心是通过参与、互动得到的体验价值。旅游者不是被动地接受旅游产品，而是产品和服务的合作者和开发者，可以参与到旅游产品的设计开发当中，从而使旅游企业能够更好地满足顾客的需要，通过与生产商进行交互和反馈，提高产品的体验价值，参与互动正是旅游体验价值共创的重要前提③④。红色旅游尽管具有一定的特殊性，但其本质仍然是旅游活动，因此红色旅游活动也可以被看作一种仪式过程，不仅如此，由于红色旅游资源和吸引物本身具有的正式性和严肃性，红色旅游的仪式性更强⑤。从互动仪式链和价值共创的视角来看，红色旅游活动往往伴随着符号互动、仪式体验，能够传递、唤醒爱国情感的群体认同，巩固红色记忆，并能够从微观主体传递到更广阔的宏观社会，进而影响社会环境和红色文化氛围。

第三节　研究内容与框架

一、刺激—机体—反应理论模型

刺激-机体-反应理论模型也叫 SOR 理论模型，其前身是 Waston 提出的 SR 理论，他认为，人的行为一般可以分成两种：刺激和反应。首先，个人的行动是由一种刺激引起的，并且这种行动是与刺激相关联的；其次，刺激又是由人的内在和外在环境引起的⑥。一些学者认为，原有的刺激反应（SR）理论仅关注外界的激励与响应，忽视了对受试者自身认知与意识的分析，于是学者 Mehrabian 和 Russell 提出了刺激—机体—反应（SOR）理论模型。这一模型认为人处于刺激和反应的中心，刺激引起人们的内在情感、感知变化，这种感知变化促使人们做出某些倾向行为⑦。在红色旅游情境中，游客处于一个特殊的、具有较强政治氛围的外部环境中，在各种因素的刺激之下，对国家的情感态度和认识都会发生潜在的变化，进而影响其对民族和国家的认同，理论模型如图 2-3 所示。

---

① 严星雨，杨效忠．旅游仪式感特征及其对旅游目的地管理的影响研究［J］．旅游学刊，2020，35（9）：104-112.

② 吴俊，唐代剑．旅游体验研究的新视角：具身理论［J］．旅游学刊，2018，33（1）：118-125.

③ 谢礼珊，赵强生，马康．旅游虚拟社区成员互动、感知利益和公民行为关系——基于价值共创的视角［J］．旅游学刊，2019，34（3）：28-40.

④ 张翠娟，徐虹．参展商和专业观众参与展览会价值共创机理研究——基于结构方程模型的量化分析［J］．旅游学刊，2019，34（3）：57-70.

⑤ 谢彦君，徐英．旅游体验共睦态：一个情境机制的多维类属分析［J］．经济管理，2016，38（8）：149-159.

⑥ 骆培聪，赵雪祥，唐艺烜，等．环境教育感知对游客实施环境责任行为的影响——基于 SOR 理论视角［J］．重庆工商大学学报（社会科学版），2023，40（4）：117-126.

⑦ Mehrabian A，Russell J A. An approach to environmental psychology［M］. Cambridge：MIT Press，1974.

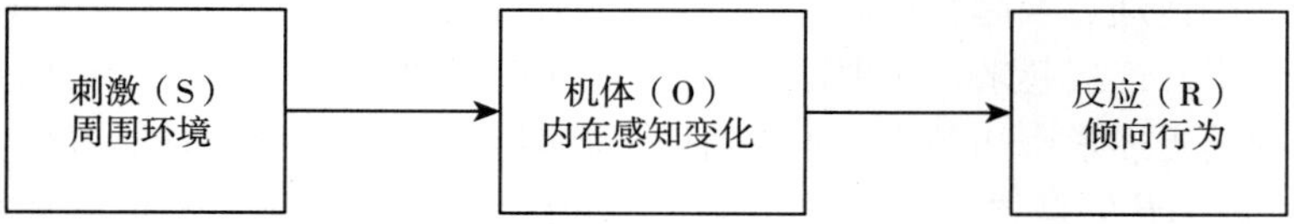

图 2-3　刺激—机体—反应（SOR）理论模型

二、研究框架与内容安排

红色文化根植于中国特色社会主义的伟大实践，是中华文明和文化的代表性标识，是"中国共产党为什么能、马克思主义为什么行、中国特色社会主义为什么好"等问题的历史见证和时代答案①，丰厚的物质文化、制度文化和精神文化是红色文化产业得以前行的基础。与此同时，红色遗迹遍布全国，与丰富的自然风景旅游资源和人文景观旅游资源共

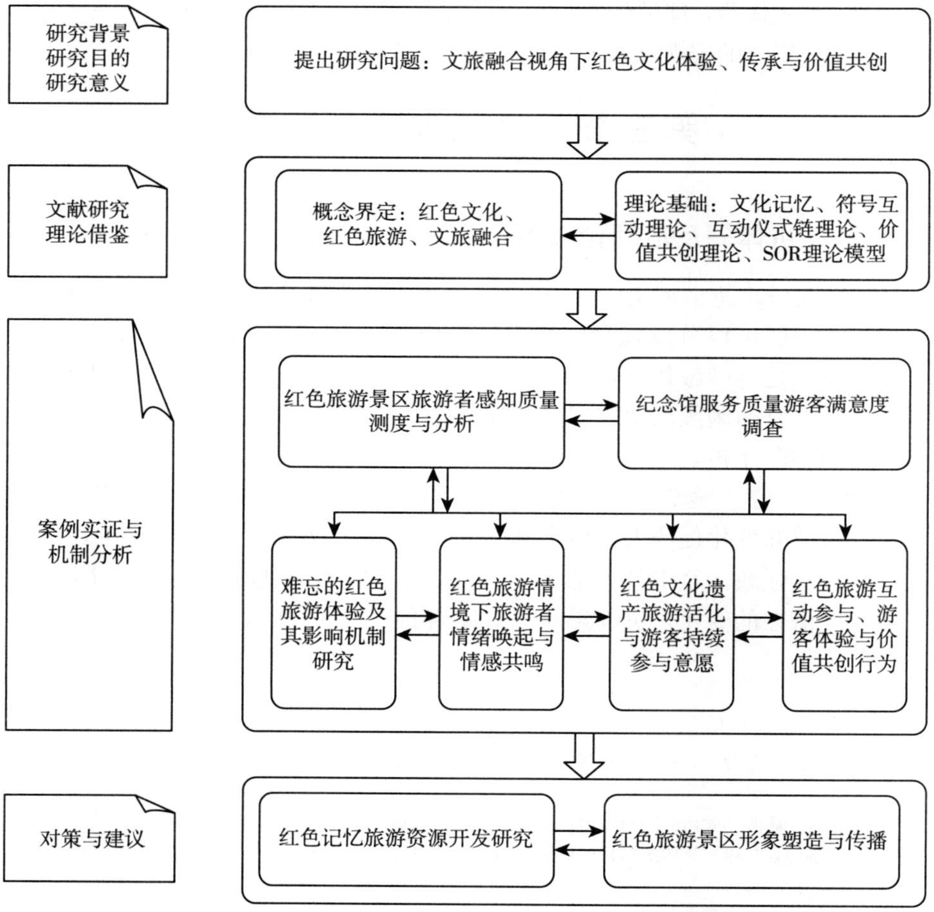

图 2-4　研究框架示意图

① 金民卿．红色文化的精神传承与理想信念的当代建构［J］．井冈山大学学报（社会科学版），2015，36（1）：15-19.

生发展，是旅游产业发展的根基。在新时代背景下，应充分挖掘两大产业的资源要素，加快文旅融合的进程，将社区既有的文化产品与面向游客的旅游产品相融合，生产更多符合消费者需求的红色旅游产品，实现优秀文化动态传承的同时也加快了红色旅游产业的发展，打通文旅融合良性循环。红色文化与红色旅游融合共生发展逻辑研究框架如图 2－4 所示。

第三章　基于IPA的红色旅游者体验满意度现状与分析

近年来，红色旅游因具有强劲的发展势头，已成为旅游业中的一个亮点，引起社会广泛关注。但作为爱国主义教育与文化体验旅游活动相结合的一种新兴旅游领域，红色旅游景区产品形式单一、体验项目缺乏、景区服务水平相对滞后等诸多问题，制约了红色旅游的健康可持续发展①。质量一词意味着“优越或者优秀程度”，随着市场竞争日趋激烈，质量开始取代价格成为竞争的关键因素，企业也逐渐把质量看作是招徕消费者不可缺少的条件②。相关研究表明，游客质量感知会显著影响其行为意愿，游客的感知质量和景区形象对游客满意度有显著影响③。在旅游消费观念更新、体验需求不断增长的今天，从质量视角对红色旅游景区开展针对性研究，对红色旅游的提质增效大有裨益④。

南京雨花台风景区是中国新民主主义革命的纪念地，是全国重点文物保护单位、全国爱国主义教育示范基地、国家首批AAAA级旅游景区和百家红色旅游经典景区。本章以雨花台风景区为例，以红色旅游景区游客的感知体验活动为主线，采用网络文本分析法和问卷调查相结合的方法，细分出雨花台风景区游客感知质量维度，研究游客感知质量影响因素的重要性与绩效，为管理部门制订景区发展战略、进行资源配置等提供参考与借鉴。

第一节　红色旅游景区游客感知质量分析框架

一、游客感知质量的概念与内涵

目前，学界就游客感知质量的测量方法和手段尚未形成一致观点。比涅（Bigné）等认为感知质量是基于游客自身期望而形成的主观感知，可通过期望—差异比较，得出对目的地（对产品或服务）的整体质量评估⑤，杨永波等通过采用消费前问卷（pre-test）与消费后问卷（post-test）的方法对西安乡村旅游吸引物和乡村旅游地服务质量的游客感知评

---

① 杨兴山．基于红色文化视角的红色旅游价值研究［D］．青岛：中国海洋大学，2015.

② 毕雪梅．顾客感知质量研究［J］．华中农业大学学报（社会科学版），2004（3）：42－45.

③ 乔海燕，杨丹艳，郭丽华．体验经济时代发展我国红色旅游的战略思考——以百色市为例［J］．桂林旅游高等专科学校学报，2006（1）：40－43.

④ 刘佳雪，王芳，王丽．红色旅游景区游客感知质量研究——以南京雨花台景区为例［J］．生态经济，2012（3）：92－94.

⑤ Bigné J E，Sánchez M I，Sánchez J. Tourism image，evaluation variables and after purchase behavior：inter-relationship［J］．Tourism Management，2001，22（6）：607－616.

价进行研究，得出乡村旅游地开发的优选方案①。但由于消费者的预期难以把握以及事后修改预期值等原因，多数学者省略顾客预期，只从游客实际感知的角度来测量旅游产品或服务质量。柴尔德里斯（Childress）等将影响旅游者节庆感知质量的维度归纳为节庆基本特点、独有特色、信息发布、便利设施、现场销售②。董观志等从旅游资源、配套设施条件、旅游活动质量等维度分析乡村旅游者感知质量③。姚娟等研究证明新疆城郊型乡村农庄旅游的游客感知质量主要表现在外部综合形象、核心吸引资源、接待服务态度与质量、农庄旅游基础设施4个层面④。综上可知，游客感知质量是多维度的，且不同类型的景区游客感知质量属性存在差异。

红色旅游景区游客感知质量可以理解为是游客对红色旅游资源、环境和服务等方面满足其旅游活动需求程度的综合评价⑤。随着网络时代的到来和持续发展，人们的思想和行为方式也发生了变化。众多旅游在线平台不仅提供门票预订、旅游攻略、交通等服务，还提供了供旅游者分享旅游体验、相互交流的平台。这种UGC（User Generate Content，意为用户生成的内容）被广泛认可为游客、经理和研究人员可信和有效的信息来源。以往关于游客感知质量的分析都是根据预先确定的问题和结构化的量表进行验证的，受访者只对量表中包含的属性进行评级，这些属性不一定与他们认为最重要的或独特的感知有关。非结构化技术允许受访者用自己的话说，自由描述他们的经历，为系统地和深入地提取游客感知特征提供了有益的补充⑥。刘建平等人采集了去哪儿、携程、马蜂窝3个旅游网站的游客点评，通过ROST Content Mining 6软件和Nvivo12软件从认知形象、情感形象和整体形象3个方面对井冈山的游客形象感知进行研究⑦。康敏、左晓丽等用ROST Content Mining 6软件采集了游客对西柏坡、韶山等红色旅游景区的网络点评，通过高频词和网络分析归纳游客感知的构成维度、高频词之间更深层次的联系，并呼吁景区管理人员要予以重视，将景区的消极情感转变为积极情感，提升游客满意度⑧⑨。本研究聚焦红色旅游景区游客感知质量，借助ROST Content Mining 6软件对游客网络文本进行高频词、语义网络和情感分析，提取出高频词汇和关键结构，构建红色旅游景区游客感知质量的分析体系，结合问卷调查和统计分析，研究游客感知质量影响因素的重要性与绩效，为管理部门制定景区发展战略、进行资源配置等提供参考与借鉴。

---

① 杨永波，李同升．基于游客心理感知评价的西安乡村旅游地开发研究［J］．旅游学刊，2007（11）：32-37.

② Childress R D，Crompton J L．A comparison of alternative direct and discrepancy approaches to measuring quality of performance at a festival［J］．Journal of Travel Research，1997，36（2）：43-57.

③ 董观志，杨凤影．旅游景区游客满意度测评体系研究［J］．旅游学刊，2005（1）：27-30.

④ 姚娟，陈飙，田世政．少数民族地区游客乡村旅游质量感知研究——以新疆昌吉州杜氏农庄为例［J］．旅游学刊，2008（11）：75-81.

⑤ 杨桂华．旅游景区管理［M］．北京：科学出版社，2006.

⑥ 谭红日，刘沛林，李伯华．基于网络文本分析的大连市旅游目的地形象感知［J］．经济地理，2021，41（3）：231-239.

⑦ 刘建平，李文华，王昕伟．基于网络文本分析的井冈山游客形象感知研究［J］．湖南财政经济学院学报，2021，37（6）：29-37.

⑧ 康敏，左晓丽．红色旅游景区旅游感知研究——以西柏坡为例［J］．石家庄学院学报，2021，23（6）：24-32.

⑨ 阎友兵，郭亮宏．基于网络文本的红色旅游游客情感特征研究——以韶山风景名胜区为例［J］．湘潭大学学报（哲学社会科学版），2020，44（3）：131-136.

二、游客感知质量的分析维度

采用八爪鱼采集器，以“雨花台风景区”为关键词，抓取 2012—2022 年携程、去哪儿和马蜂窝 3 个在线旅游平台上的游客点评数据。共抓取游客评论 3 222 条，为了确保所抓取数据的质量，删除了仅有图片或默认好评的网络点评以及无效点评，获得 2 818 条有效点评，点评数据分布如表 3-1 所示。

表 3-1　在线旅游网站采集的游客点评数量

网络名称	携程	去哪儿	马蜂窝	总计
点评数量/条	1 758	807	253	2 818

（一）高频词汇统计分析

高频词汇是游客关于景区感知评价关键点的直接体现，其出现的次数多少决定了它的重要程度。借助 ROST Content Mining 6 软件的分词功能识别出高频词汇和词频，识别出的前 60 个词汇的具体分布如表 3-2 所示。

表 3-2　雨花台风景区游客评论高频词汇及其频次

排序	词汇	频次	排序	词汇	频次	排序	词汇	频次
1	雨花台	822	21	雨花	143	41	好看	84
2	地方	425	22	景点	140	42	风景区	80
3	雨花石	385	23	缅怀	138	43	建议	73
4	烈士	369	24	纪念馆	137	44	预约	71
5	环境	355	25	适合	137	45	面积	69
6	教育	328	26	门票	131	46	肃穆	65
7	南京	326	27	方便	130	47	游览	65
8	风景	299	28	孩子	120	48	博物馆	64
9	景区	295	29	旅游	119	49	游玩	64
10	红色	289	30	公园	114	50	进去	63
11	革命	270	31	交通	114	51	休闲	62
12	历史	227	32	景色	109	52	庄严	62
13	免费	215	33	意义	108	53	下次	61
14	烈士陵园	193	34	时间	107	54	英雄	60
15	先烈	175	35	石头	106	55	项目	59
16	值得	165	36	空气	103	56	中华门	56
17	爱国主义	151	37	参观	100	57	观光	55
18	基地	149	38	优美	93	58	人文	55
19	纪念碑	147	39	漂亮	86	59	梅花	53
20	纪念	145	40	自然	86	60	散步	53

注：词频并非全部分析结果，只选取了前 60 个高频词汇。

对表中的高频词汇进行整理合并归类后，可以归纳为 5 个方面：红色文化底蕴、环境氛围、参与活动、标志性景观、可进入性和可达性，如表 3－3 所示。

表 3－3　旅游者对景区感知质量分类表

分类	前 60 个词频中提及	频次
红色文化底蕴	雨花台、地方、南京、烈士、红色、革命、历史、先烈等	2 577
环境氛围	景区、风景、公园、烈士陵园、肃穆、英雄、庄严等	1 093
参与活动	纪念、教育、旅游、游览、缅怀、参观、散步等	948
标志性景观	雨花石、纪念馆、博物馆、纪念碑、烈士陵园等	926
可进入性和可达性	交通、门票、中华门、免费、预约等	604

1. 红色文化底蕴

从频数分析结果来看，“雨花台”“地方”“南京”“烈士”“红色”“革命”“历史”“先烈”等词汇出现频次最高，具有鲜明的地方红色文化特色，雨花台风景区是我国新民主主义革命的纪念圣地，游客对景区的革命历史有一定的了解，学校课本和媒体宣传中不乏有关内容和报道，景区本身有一定的知名度和影响力，是广为人知的缅怀先烈、进行爱国主义教育的地方。

2. 环境氛围

高频词中与景区环境氛围相关的词汇出现频率较高，如“风景”“景区”“公园”“烈士陵园”“肃穆”“英雄”“庄严”等，雨花台风景区是典型的烈士陵园类景区，景区红色人文景观与绿色自然景观相结合，纪念景观有特色，营造了浓厚的红色教育环境氛围。

3. 参与活动

高频词中有相当部分与旅游体验活动相关，如“纪念”“教育”“旅游”“游览”“缅怀”“参观”“散步”等，反映了游客在景区内的主要活动方式，符合烈士陵园类景区的特质，享乐性体验如“游玩”“观光”等词汇出现频次不高，侧面反映出游客前来雨花台风景区的首要目的并不是观光游览。

4. 标志性景观

从游客提及的主要景观来看，主要集中于“烈士陵园”“纪念馆”“纪念碑”，游客在雨花台风景区休闲放松的过程中，对红色历史文化符号能够较好地接收和理解，大家对主要的纪念景观印象深刻，与红色文化底蕴形成呼应。

5. 开放性和可达性

“免费”一词出现频次比较高，“门票”一词则比较靠后，说明景区免费开放在一定程度上吸引了旅游者；相关的还有“交通”“中华门（地铁站名）”等词汇，反映景区的可达性受游客关注。

（二）社会网络和语义网络分析

社会网络和语义网络分析法主要用来分析由不同的社会单位构成的关系网络结构和

属性，更偏向于对不同个体之间相互关系的分析。对高频词汇进行分析的方法较为单一，难以体现出不同高频词汇之间存在的关联，而社会网络和语义网络分析能够较为直观地揭示各个高频词汇之间的内在联系、影响以及关联程度的大小强弱，从而进一步探究旅游者对雨花台风景区的感知质量的结构特征。雨花台风景区旅游者感知语义网络如图 3－1 所示。

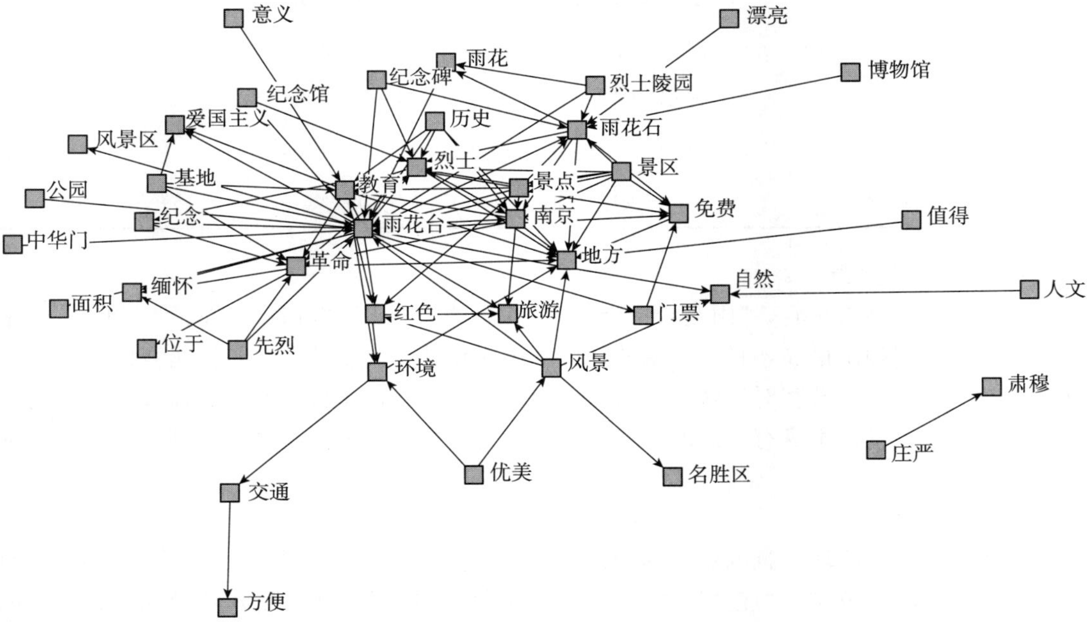

图 3－1　雨花台风景区旅游者感知语义网络

在语义网络图中，各个词汇之间由箭头连接，呈放射状特点。图中各词汇间的箭头意味着它们之间具有相关性，某个词汇连接的箭头越多，则意味着该词汇和其他词汇间的联系越密切。高频词汇的语义网络图以“南京”“雨花台”“地方”为核心节点，与“雨花台”一词关系比较密切的词汇包括“革命”“红色”“教育”，可以看出旅游者的评价是以“红色爱国主义教育”为中心展开的，这也是旅游者对景区的感知重点；“教育”“烈士”“革命”“旅游”“免费”“雨花石”“红色”等与红色旅游景区活动内容和可进入性等与实用功能有关的词汇则位于相对重要的次核心位置，与高频词汇的分析结果相互验证。

（三）游客情感分析

借助 ROST Content Mining 6 软件中的情感分析功能，对旅游者的在线评论进行情感分析，总体分为积极、中性和消极情绪 3 种。从表 3－4 的数据可以看出，积极情绪、中性情绪和消极情绪的所占比例分别是 75.94％、12.85％、11.21％。旅游者对雨花台风景区的积极情绪占比很大，表明绝大多数游客在观光游览完景区之后都对景区给予了正面评价。但是也有旅游者表达了对雨花台风景区的消极情绪，这说明景区依然有需要改善和提高的地方。

表3-4 雨花台风景区旅游者评价情感分布统计结果

名称	积极情绪	中性情绪	消极情绪	发言总数
频次	2 140	362	316	2 818
占比/%	75.94	12.85	11.21	

1. 正面评论

正面评论如“雨花台是非常值得去的地方，不仅是一个为中国人民革命胜利抛头颅、洒热血的烈士牺牲的地方，还是一个风景非常优美的旅游景点”“历史文化底蕴深厚”“地理位置很好，车还可以停在附近的地库，非常方便”“梅花都开了，温度宜人”“爱国主义教育基地”“风景优美，干净整洁”等。根据游客发布的正面评价并结合上文通过高频词汇统计分析细分出的5个感知质量维度，可以看出雨花台风景区的文化底蕴、地理位置、景区设施与服务、景区环境氛围、旅游景观都受到来访游客一定程度的认可，尤其是雨花台风景区的革命历史、文化底蕴和教育意义是引起游客积极情绪的主要原因，同时不少游客在评论中提及梅岗的梅花和景区内的绿化环境并表示认可。

2. 负面评论

负面评论如“雨花石别买，坑”“售票的大妈脾气不好”“太大了没转完”“这只是个纪念公园，没什么好看的”“雨花台的电瓶车收20块一个人，司机的态度非常差，问什么时候开车，就回答再催我等会儿就开快点”“好多梅花，就是人比花多”等。结合上文游客感知质量分析的5个维度，在高频词汇分析中“雨花石”的出现频次位于第三，但是通过情感分析不难发现，与雨花石相关联的词汇大多是“贵”“假货”之类的负面词语，可见景区内有些商贩定的售卖价格并不合理，雨花石本来是雨花台的标志之一，与雨花台密不可分，现在却成为游客的不满之处。景区内的梅花也是众多游客来访的主要原因，但也存在问题，同一时间段赏花人数过多也会引起游客不满。雨花台风景区的文化内涵是大部分游客感到满意而给予好评的一点，但依然有游客只是从“好看”的角度来评价雨花台风景区，对景区内的纪念碑、纪念馆、博物馆等人文景观只满足于走马观花，并不注重对这些人文景观所表达含义的理解。从负面评价中可以看出雨花台风景区的景区设施与服务、旅游景观是游客不满的主要原因。

多数游客对雨花台风景区的文化底蕴、地理位置持有积极情绪，但在景区设施与服务、旅游景观两个方面仍有少部分游客保持消极情绪，主要集中于景区有些时间段人流量过大给游客带来困扰、景区工作人员工作态度不端正、收费不合理、对景区人文景观理解不够深刻。为深入挖掘红色旅游景区文化底蕴，提高红色旅游景区吸引力和游客对景区的感知状况，促进红色旅游景区建设向更好发展，可以从以下3个方面采取措施。

(1) 深入挖掘红色景区文化底蕴。要依托南京市丰富的红色文化资源，充分挖掘雨花英烈顽强斗争的崇高革命精神；结合新时代、新形势、新要求，赋予雨花台风景区更多与时俱进的红色文化内涵，努力彰显雨花英烈精神的先进性、时代性和教育性；适时举办红色文化宣传活动，鼓励民众踊跃参与，最大程度地发挥红色旅游景区的时代价值。

(2) 提高民众红色文化素养。旅游者个人的认知对红色旅游景区的感知质量也有一定影响，大多数游客对景区的了解局限于某一段历史，对景区内的人文景观缺乏深刻的认识与理解，培养旅游者的红色文化素养，可以增强旅游者对景区红色文化的认同感，提高旅游者对革命历史的认识高度，使旅游者饮水思源，深刻感知当今和谐社会和幸福生活的来之不易，不断激励自己砥砺前行。

(3) 强化红色景区日常管理工作。要对旅游商品及其价格进行规范管理，提高景区员工的服务质量。旅游从业者的服务态度影响着旅游者的感知质量水平，要不断加强和把控景区的管理工作，逐步提高景区员工的职业素养，做好岗前培训工作，定期开展在岗培训，使景区内的各项工作规范有序开展，保障旅游者的游览体验，从而推动红色旅游景区向更好发展。

第二节　红色旅游景区游客感知质量的 IPA 分析

一、问卷设计与调查

参考网络文本的分析结果以及雨花台风景区提质升级的关键方面，采用结构法和非结构法设计调查问卷，在开展实际调研前，在旅游院校师生中进行小范围初测调研，基于初测结果进行一些必要的改动，形成最终两部分问卷。第一部分涉及游客的人口统计学特征与旅游动机；第二部分是旅游景区游客感知评价资料，从红色文化底蕴、环境氛围、参与活动、可进入性和可达性、标志性景观方面，共设计 30 个问项，采用李克特量表，1 代表非常不满意，2 代表不满意，3 代表一般，4 代表满意，5 代表非常满意。采用便利抽样的方式，在景区出口随机发放问卷 300 份，回收问卷 283 份，经检查剔除漏填、绝大多数答案一致等问卷，获得有效问卷 250 份，有效率为 88.3%。

二、IPA 分析

重要性-绩效分析（Important-performance Analysis，IPA）是建立在产品质量特征的重要性和绩效对比基础上的分析管理技术，广泛应用于产品竞争力、满意度和优劣势分析等。该技术在旅游产业内有很大的适用性，可以较好地洞察旅游者的评价[①]。

研究运用 IPA 模型分析影响红色旅游景区游客感知质量属性的重要性和绩效，提出适应景区自身特点和游客需要的产品开发策略。研究中采用总体均值测度游客对红色旅游景区质量因素的感知效果；采用克朗巴哈系数（Cronbach's Alpha）检验量表的内部一致性；以因子分析探索游客感知质量的构成维度和要素，剔除冗余数据；最后通过将各构成要素对感知质量的贡献率和感知效果以坐标形式映射到 IPA 矩阵图中，分析感知质量影响要素重要性和绩效的对应关系。

① 宋子斌，安应民，郑佩．旅游目的地形象之 IPA 分析——以西安居民对海南旅游目的地形象感知为例［J］．旅游学刊，2006（10）：26－32．

三、结果与分析

（一）游客感知质量构成维度的提取

问卷结果克朗巴哈系数为0.792，巴特利球检验显著，适于采用因子分析。利用主成分法提取公因子，经方差最大正交旋转后，以特征根大于等于1、因子负荷值大于0.4为抽取原则，提取出6个公因子、23个特征项，累计方差贡献率为70.901%，且各公因子内部的克朗巴哈系数均大于0.5。根据调研问项内容，将公因子分别命名为解说系统及特色、服务态度与质量、景观与休闲质量、交通环境质量、革命教育价值、景区规模与景点丰富度，构成南京雨花台风景区游客感知质量的6个维度，结果见表3-5。

表3-5　南京雨花台风景区游客感知质量因子分析表

构成维度和要素	特征值	方差贡献率/%	累计方差贡献率/%	克朗巴哈系数
解说系统及特色	3.239	18.494	18.494	0.815
服务态度与质量	3.216	16.399	34.893	0.839
景观与休闲质量	2.930	14.210	49.103	0.767
交通环境质量	2.081	8.672	57.776	0.612
革命教育价值	1.649	6.869	64.645	0.511
景区规模与景点丰富度	1.501	6.255	70.901	0.524

（二）游客感知质量IPA分析

根据因子分析结果，通过计算各个构成要素对公因子载荷值的标准化值和各个主成分方差贡献率的乘积，确定其对游客感知质量的贡献率，即重要性；采用各构成要素观测值的均值来表征感知效果，即绩效。以重要性为纵坐标，以绩效为横坐标，利用散点分析法，绘制22项游客感知质量构成要素的IPA矩阵图（图3-2）。

如图3-2所示，象限Ⅰ为高重要性、低绩效区域，科技模拟系统、景区引导系统、灯光音响系统、平面展示系统、服务效率、服务态度、服务承诺和服务行为和艺术性9个感知特征项的观测值落入这一区域。说明解说系统及特色、景区服务和景观艺术价值是影响红色旅游景区游客感知质量的重要方面，但游客的感知绩效分值不尽如人意。

象限Ⅱ为高重要性、高绩效区域，仅美感度和历史意义两个感知特征项勉强落入这一区域。说明景区资源历史意义和美学价值的重要性和总体水平评价相当，但均不突出。景区尚未形成明显的优势，资源开发深度和市场竞争力有待进一步提高和改善。

象限Ⅲ为低重要性、低绩效区域，资料陈列和休闲活动两个感知特征项落在这一区域，分属于解说系统及特色、景观与休闲质量两个维度，但重要性稍弱于同维度的其他特征项。这两个感知特征项与各自维度的其他因子紧密联系，如果在实际工作中不加以重视和改善，会限制维度水平绩效的有效提升。

象限Ⅳ为高绩效、低重要性区域，包括景区交通环境质量、革命教育价值、景区规模与景点丰富度3个维度，以及休憩设施和文化内涵两个感知特征项。说明游客普遍肯定南

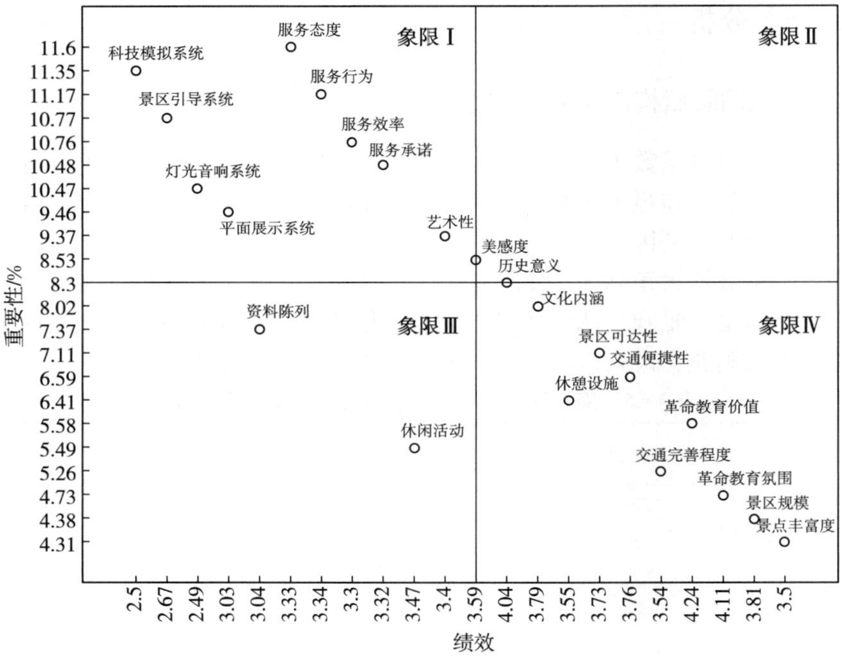

图 3-2　南京雨花台风景区游客感知质量 IPA 评价图

京雨花台风景区作为革命圣地和国家 AAAA 级旅游景区的革命教育意义和文化价值，对交通配套设施评价也较高，但并非影响游客满意评价的要点。

综合来看，南京雨花台风景区作为知名革命历史纪念地以及爱国主义教育基地，其革命教育价值、交通环境质量、历史意义与文化、景区规模和景点丰富度等均获较高评价，但并非影响旅游者感知质量的要点。科技模拟系统、景区引导系统、灯光音响系统、平面展示系统、资料陈列、服务效率、服务态度、服务承诺和服务行为等旅游者重点关注的要素评价较低，南京雨花台风景区红色旅游资源的效用没有得到充分发挥。

在体验经济背景下，南京雨花台风景区应立足于其高品位的红色旅游资源，创新旅游活动内容和方式，提升旅游吸引力和旅游市场竞争力。具体而言，可以尝试多种资源呈现方式，融入高科技手段和文化创意方法，提高互动和参与活动比重；重视服务管理，增强工作人员服务意识和服务能力，强调人性化服务管理；优化休闲活动、休闲游憩设施水平，并注意避免硬件建设资源的过度使用。

四、结论与讨论

在激烈的市场竞争以及红色文化深度体验需求的推动下，红色旅游景区供给侧转型发展迫在眉睫[①]，可通过构建多维立体的创新型、互动型的红色旅游资源呈现方式和多样化的活动体系，培养核心竞争力。研究基于感知质量视角，以红色旅游经典景区——南京雨

① 蒋长春．国内游客对红色文化感知的差异性研究——以延安红色旅游为例［J］．河北大学学报（哲学社会科学版），2013，38（4）：75-80.

花台风景区为案例地，运用高频词、语义网络和情感分析探索雨花台风景区游客感知质量的特点，结合问卷调查数据，通过因子分析识别游客感知质量构成维度，按照重要性—绩效的思路剖析景区提升竞争力、改善服务运营水平，结果具有一定指示性和参考意义，可供同类研究借鉴。

研究表明，南京雨花台风景区深厚的红色文化底蕴为大多数游客所认可，是驱动人们前来瞻仰的主要动力；景区的环境氛围、免费开放、便利的交通条件也提供了较好的支撑。游客的负面评价主要集中于景区服务方面，规范景区的管理工作、提升服务人性化水平、有效传播人文景观背后的故事和意义是当前急需解决的问题。雨花台风景区有必要进一步挖掘雨花英烈精神内涵，为人文景观增添更多的故事性，丰富活动方式和内容，引发游客共鸣，提高景区的游客感知质量。

第四章 难忘的红色旅游体验及其影响机制研究

Pine 和 Gilmore 提出了“体验经济”一词，并主张产品和服务应该为消费者提供难忘的体验①。从现象学的角度而言，难忘的旅游体验也是旅游发展的一种趋势②。旅游者不再满足于走马观花的单一模式，追求个体层次上的旅游体验质量成为目前旅游产业转型升级的方向和重点③，旅游景区的核心任务也有所转变，不仅需要提供旅游产品与服务，还需要主动为游客创造印象深刻的旅游体验④。习近平总书记指出：“革命传统资源是我们党的宝贵精神财富，每一个红色旅游景点都是一个常学常新的生动课堂，蕴含着丰富的政治智慧和道德滋养。”随着红色旅游景区数量和市场规模的持续增长，多项研究指出红色旅游与其他专项旅游相比，吸引力和市场竞争力不强⑤，红色旅游的公众参与程度和市场化程度有待进一步提升⑥，因此构建符合体验经济时代要求的红色旅游体系十分必要⑦。体验良好、卓有成效的红色旅游体验如何达成，如何激发红色旅游动机或是化被动为主动，这些问题的探索和回答有助于明晰红色文化活化和红色旅游产品创新的路径，提升红色旅游发展质量和爱国主义教育成效。

南京雨花台是中国共产党人和爱国志士最集中的殉难地，也是全国最具代表性的革命烈士纪念地之一。雨花英烈精神和井冈山精神、长征精神、延安精神等一脉相承，是中国共产党人宝贵的精神财富⑧。本章按照动机—体验—收获的研究框架，以南京雨花台风景区为案例地，采用问卷调查方法获取游客体验数据，采用结构方程模型进行验证分析。

---

① Pine B J，Gilmore J H. Welcome to the experience economy［J］. Harvard Business Review，1998，76（4），97－105.

② 谢彦君．旅游体验研究：一种现象学的视角［M］．天津：南开大学出版社，2005：3－5.

③ 郑艳芬，张朝枝．国际法对文化遗产旅游利用认识的演进［J］．旅游科学，2014，28（1）：85－94.

④ 曹新向．体验经济时代的旅游业发展对策［J］．西北农林科技大学学报（社会科学版），2004（5）：126－129.

⑤ 孙国俊．红色旅游之于红色文化传承的价值［J］．学校党建与思想教育，2012（15）：83－84.

⑥ 周功梅，宋瑞．我国公众对红色旅游的认知与态度研究［J］．旅游研究，2022，14（3）：1－16.

⑦ 阎友兵，欧阳旻．基于新发展理念的红色旅游高质量发展评价指标体系构建及应用——以韶山市为例［J］．旅游论坛，2021，14（6）：29－40.

⑧ 黄雨．雨花台历史记忆的嬗变［D］．南京：南京师范大学，2011.

第一节 理论框架与研究假设

一、红色旅游动机

动机是在个体需要的基础上产生的引发个体发生行为的直接原因和驱动力，旅游动机是推动人们进行旅游活动的内部动力[①]。心理学家托曼在驱动理论和期望理论的基础上提出动机可分为内在和外在因素。丹（Dann）将该理论运用至旅游动机研究中，提出了旅游动机的推-拉理论（push and pull theory）。Iso Ahola 则从旅游愿望的角度寻找动机力量，并将人们的旅游动机分成“逃离（离开日常环境的愿望）”和“寻求（在新的环境获得内在的心理回报的愿望）”两个因素，这些理论被学者们较广泛地接受，并运用在旅游者动机类型、动机差异分析等研究当中。

红色旅游动机是推动人们进行红色旅游活动的内部动力，具有激活、指向、维持和调整的功能，能启动红色旅游活动并使之朝着目标前进。林传文指出旅游者参加红色旅游的内部动机包括对先烈的敬仰、对革命精神和高尚人格的追求、对雪与火战场的寻觅、对革命生活的体验等中国民众的“红色情节”，外部诱因则包括青少年革命传统教育，红色旅游资源的吸引力、社会环境的营造。林巧和戴维奇运用“推拉力模型”分析了红色旅游者的动机，研究发现“拉”的因素很重要，但“推”因素的作用更加明显，在“推”的因素中，知识动机、社交动机和声誉动机是最为重要的因素[②]。方叶林等对战争纪念馆游客旅游动机对体验的影响研究表明，“责任与义务”是游客访问战争纪念馆的主要动机之一，也是与传统旅游的区别之一。”[③] 综合以上研究，在对红色旅游动机的分析中结合景区特点和已有研究，设计“缅怀与学习”“责任与义务”“日常休闲”3 个维度，分析红色旅游动机对体验的结构影响。

二、红色旅游体验

关于旅游体验的研究指出，旅游者主观的感知和行为比旅游目的地提供的产品和服务更重要[④]。同时，旅游者主动选择符合主观意志的产品和服务所产生的旅游体验，比被动接受所产生的旅游体验更容易被记忆。Brandt 等指出，情绪感受对记忆的影响非常显著，如果一件事包含许多个人的情绪感受，人们就更容易回想，而且回想起来更加形象[⑤]。

---

① 吴恒，周志良．旅游图片饱和度对游客出游意愿的影响——探索旅游动机的调节作用［J］．珞珈管理评论，2021（3）：154－167.

② 林巧，戴维奇．红色旅游者动机实证研究——以井岗山景区为例［J］．北京第二外国语学院学报，2007（3）：72－81，29.

③ 方叶林，黄震方，涂玮，等．战争纪念馆游客旅游动机对体验的影响研究——以南京大屠杀纪念馆为例［J］．旅游科学，2013，27（5）：64－75.

④ Uriely N. The tourist experience：Conceptual Developments［J］. Annals of Tourism Research，2005，32（1）：199－216.

⑤ Brandt K R，Gardiner J M，Macrae C N. The distinctiveness effect in forenames：The role of subjective experiences and recognition memory［J］. British Journal of Psychology，2011，97（2）：269－280.

Wirtz 等学者发现愉悦、社交等情感感受也是个体体验的组成部分之一[①]。潘澜、林璧属、王昆欣在研究中指出，情绪感受中很重要的一部分就是愉悦感，其对旅游体验的记忆会产生一定的影响[②]。关于红色旅游的体验，焦世泰认为红色旅游的游客有感受和体验革命老区的红色文化氛围，接受革命传统教育和爱国主义教育的特殊需求，同时红色旅游也具备“寓教于乐，寓教于游”的独特魅力性[③]。面对他者的死亡、叩问死亡的意义是红色旅游和黑色旅游特有的体验，当然这种参与感并非直接体验死亡，而人们对于亲身参与的活动会有更好的记忆[④]。因此，在借鉴黑色旅游、红色旅游相关研究的基础上，从认知体验、情感体验的角度建立红色旅游体验的分析体系（表 4 - 1）。

表 4 - 1　红色旅游体验的分析维度

体验类型		层次	题项
认知体验	感知体验	浅层/大众	来到这儿，感到身心放松 来到这儿，可以享受与家人、朋友在一起的快乐
	认知体验	浅层/大众	纪念碑、烈士群雕像等的设计很有艺术感 纪念馆收藏的史料很丰富
情感体验	一般性审美体验	中层/少众	来到这儿，被历史感动 来到这儿，被烈士感动 来到这儿，对革命烈士遭受的折磨感到吃惊 为国家和人民曾经经历的苦难感到难过
	崇高性审美体验	深层/少众	来到这儿，感受到革命者奉献精神的崇高 来到这儿，感受到人生的责任

三、难忘的红色旅游体验

旅行经历对个人而言是异于惯常生活的事件，往往是带有感情色彩且值得回味的[⑤]。与日常生活相比较，关于旅行的记忆不仅更容易回想起来，而且更生动，具有鲜明性、准确性和持久性，这种记忆被称作闪光灯记忆[⑥]。难忘的旅游体验（Memorable Tourism Experience，简称 MTE）是在游后积极记住和回忆的旅游经历，对由旅游体验引起的闪

① Wirtz D，Kruger J，Scollon C N，et al. What to Do on Spring Break? The Role of Predicted，On-Line，and Remembered Experience in Future Choice [J]. Psychological Science，2003，14 (5)：520 - 524.

② 潘澜，林璧属，王昆欣．探索旅游体验记忆的影响因素——中国旅游情景下的研究 [J]．旅游学刊，2016，31 (1)：49 - 56.

③ 焦世泰．红色旅游景区游客满意度及其影响因素研究 [J]．西北师范大学学报（自然科学版），2012，48 (5)：115 - 120.

④ 黄志远，张玉钧．旅游体验实证研究——以南京雨花台烈士陵园为例 [J]．中南林业科技大学学报（社会科学版），2012，6 (2)：17 - 21.

⑤ Brown R，Kulik J. Flashbulb memories [J]. Cognition，1977，5 (1)：73 - 99.

⑥ Larsen S，Jenssen D. The school trip：Travelling with，not to or from [J]. Scandinavian Journal of Hospitality & Tourism，2004，4 (1)：43 - 57.

光灯记忆而言，记忆中的再现性和生动性十分关键[①]。留下美好回忆的经历是下次类似旅行愿望的最好预示，回忆在愿望中强化，形成良性循环[②]。事实上，在目的地有过难忘经历的游客更有可能分享关于地方的正面评价，如在社交媒体上共享 MTE[③]。MTE 反映出人们旅游需求的转变，反映了游客所珍视的认知和情感益处，是旅游竞争力的来源和旅游管理的战略目标，也是与游客建立情感联系和铸造品牌的关键[④]。红色旅游的旅游情景、旅游体验过程、旅游体验内容均具有独特性，这种独特的体验不仅更容易被记忆，还会使游客更完整和形象地记住其中的细节。以往对红色旅游体验和行为意向的研究多以顾客满意为中介变量[⑤]，而本章基于难忘的旅游体验视角，从体验记忆的角度对红色旅游体验的效果进行分析，进而探究红色旅游转型如何更好地适应体验经济背景下的旅游者的体验诉求。

四、概念模型与研究假设

需求—环境—体验—收获模型被广泛运用于旅游地规划[⑥]和管理[⑦]研究。由于旅游需求是产生旅游动机的前提，Kang 等指出，动机的产生往往是综合考虑环境的结果，将动机和环境归属于一个复合因子比较合理[⑧]。沈苏彦等研究者将模型改进为动机—体验—收获模型来研究黑色旅游行为，该模型也给红色旅游体验研究提供了很好的理论框架[⑨]。在动机—体验—收获模型基础上，将红色旅游体验分为认知和情感体验，用“令人难忘的体验”来反映红色旅游体验收获，形成研究模型（图 4 - 1）。

第二节 案例实证与检验

一、问卷设计

为保证问卷的有效性和合理性，在大规模发放问卷之前，先请非本专业的同学进行小

① Jong-Hyeong K. Determining the Factors Affecting the Memorable Nature of Travel Experiences [J]. Journal of Travel & Tourism Marketing，2010，27 (8)：780 - 796.

② Kim J H. The antecedents of memorable tourism experiences：The development of a scale to measure the destination attributes associated with memorable experiences. Tourism Management，2014 (44)：34 - 45.

③ Kim J H. A cross-cultural comparison of memorable tourism experiences of American and Taiwanese college students [J] . An International Journal of Tourism and Hospitality Research，2013，24 (3)：337 - 351.

④ 邹统钎，吴丽云．旅游体验的本质、类型与塑造原则 [J]．旅游科学，2003 (4)：7 - 10，41.

⑤ 卢小丽，付帼．红色旅游质量、满意度与游客忠诚研究——以井冈山景区为例 [J]．管理评论，2018，30 (2)：127 - 135.

⑥ Shin W S，Jaakson R，Kim E I. Environmental auditing：benefit-based analysis of visitor use of Soraksan national park in Korea [J] . Environmental Management，2001，28 (3)：413 - 419.

⑦ Lee M E，Driver B L. Benefits-based management：a new paradigm for managing amenity resources [M] //Aley J，Burch W R，Conover B，et al. Ecosystem management：Adaptive strategies for natural resources organizations in the twenty-first century. Philadelphia：Taylor & Francis，1999：143 - 154.

⑧ Kang E J，Scott N，Lee T J，et al. Benefits of visiting a “dark tourism” site：The case of the Jeju April 3rd Peace Park，Korea [J] . Tourism Management，2012，33 (2)：257 - 265.

⑨ 沈苏彦，赵锦，张晓彤．黑色旅游动机、体验与收获相互关系的实证研究 [J]．中南林业科技大学学报（社会科学版），2014，8 (5)：20 - 24.

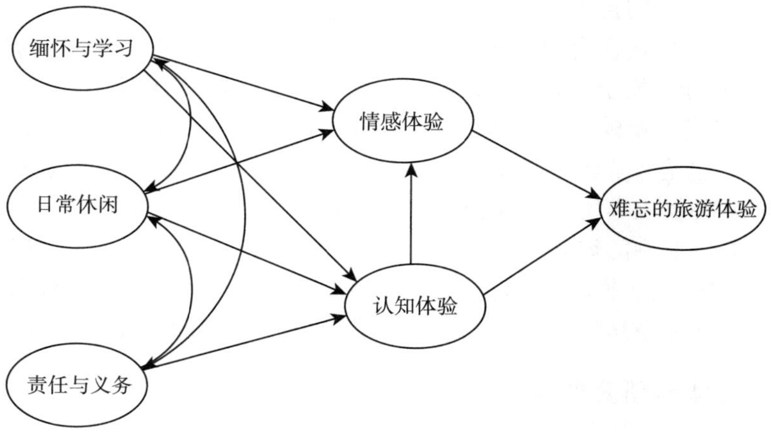

图 4-1　红色旅游动机—体验—记忆概念模型

规模的测试。测试共发放问卷 24 份，其中有 12 位同学提出宝贵意见，根据意见的反馈进一步调整问卷，修正了部分问项和表述，确定最终的调查问卷。问卷由样本背景信息、旅游动机、旅游体验和旅游体验记忆 4 个部分构成。样本背景信息包括性别、年龄、政治面貌、受教育程度、职业、3 年内的旅游频次和 3 年内红色旅游次数；旅游体验的测评从感知体验、认知体验、一般审美体验、崇高性审美体验 4 个视角出发设计；旅游动机和旅游体验记忆参考了已有研究。量表测量部分采用李克特量表测量，1～5 分别代表非常不同意、不同意、不确定、同意、非常同意。

二、数据收集

南京雨花台风景区是中国新民主主义革命的纪念圣地，是一个集教育、旅游、休闲、娱乐于一体的江苏省级纪念性风景名胜区。调查人员共 4 名，均曾担任景区讲解志愿者，对该景区颇为了解，本次调研共实地发放问卷 600 份，回收 550 份，回收率 91.67%；剔除无效问卷 45 份，最终形成有效问卷 505 份，有效率 84.17%。

调查样本的特征，从性别上来看，男性回收问卷数量略多于女性，有 268 份，占比 53.1%。从年龄层次上来看，回收问卷数量以 18～40 岁青年最多，共 252 份，占比 49.9%。从职业上来看，已经工作的 131 份（占有效问卷的 25.9%，占单项 52%），在读大学生 109 份（占有效问卷的 21.6%，占单项 43.3%）。从政治面貌上来看，首先以团员为主，有效问卷 233 份，占比 46.1%；其次是群众 151 份，占比 29.9%。从受教育程度上来看，以大学本科或专科为主。从居住地来看，以省外为主，共 346 份，占 68.5%，其中安徽省最多 61 份，（占有效问卷的 12.1%，占单项 17.6%），浙江省 44 份，（占有效问卷的 8.7%，占单项 12.7%），山东省 35 份（占有效问卷的 6.9%，占单项 10.1%），河南省 30 份（占有效问卷的 5.9%，占单项 8.7%）；省内 159 份，其中南京市最多 102 份（占有效问卷的 20.2%，占单项 64.2%）。从近一年去革命纪念馆之类的红色旅游景点的次数看，以 1 次居多，共 199 份，占 39.4%；其次是 2 次，共 140 份，占 27.7%。总体上看，样本的人口学特征符合大众旅游的基本特征，符合现实情况，人口特征统计结果见表 4-2。

表 4-2 调查样本信息统计表

项目		人数	比例/%	项目		人数	比例/%
性别	男	268	53.1	年龄	少年	135	20.7
	女	237	40.9		青年	252	49.9
政治面貌	少先队员	42	8.3		中年	107	21.2
	团员	233	40.1		老年	11	2.2
	党员	79	15.0	受教育程度	初中及以下	104	20.0
	群众	151	29.9		高中	120	23.8
居住地	江苏省	159	31.5		大学	256	50.7
	其他省份	346	68.5		硕士及以上	25	5.0

三、模型检验与分析

（一）信度和效度检验

Cronbach's α 值（克朗巴哈系数）是应用最广泛的测量信度的指标，结合因子分析判断是否需要进一步删除某些信度不高的测量题项，经测试删除了旅游动机中的题项 7、旅游体验中的题项 4 后，缅怀与学习、日常休闲、责任与义务、情感体验、认知体验、难忘的旅游体验这六大维度的 Cronbach's α 值分别为 0.927、0.772、0.867、0.900、0.812 和 0.870，均大于临界值 0.7，表明样本具有较好的信度（表 4-3）。

表 4-3 主要分析维度 Cronbach's α 值

维度	题项	Cronbach's α 值
缅怀与学习	想要到重大革命事件发生地参观	0.927
	想要增加对革命历史的了解	
	想要来这里了解革命烈士的事迹	
	希望学习革命者的坚强意志与不屈精神	
	缅怀先烈，不忘历史	
日常休闲	雨花台地理位置好、交通便利	0.772
	雨花台风景区干净又舒适	
	雨花台风景区免门票	
	雨花台风景区有丰富有趣的活动项目	
责任与义务	作为一个中国人有义务参观这里	0.867
	为了和亲友度过有意义的一天	

（续）

维度	题项	Cronbach's α 值
责任与义务	因为雨花台风景区很出名	
	将雨花台作为教育下一代的实际案例地	
情感体验	来到这儿，被烈士事迹感动	0.900
	来到这儿，对革命烈士遭受的折磨感到吃惊	
	来到这儿，被历史事实震撼	
	为国家和人民曾经经历的苦难感到难过	
	来到这儿，感受到革命者精神的崇高	
	来到这儿，让我感觉肩负振兴国家的责任	
认知体验	此次参观，让我对革命历史事件有了深刻的理解	0.812
	纪念碑、烈士群雕像等的设计很有艺术感	
	纪念馆收藏的史料很丰富	
	景区的游憩与展示设施使我能沉淀心绪	
	景区的导览服务方便我了解景点信息	
难忘的旅游体验	我能记得参观雨花台的过程	0.870
	我能回忆起在雨花台参与的活动	
	我能回想起参观雨花台时我的情绪感受	
	我能回想起在雨花台中看到的主要景点	
	我能回想起有关的烈士事迹	

（二）模型适配检验

用 AMOS 结构方程模型的分析软件对假设模型进行验证，运用极大似然法（ML）进行检验，得到标准化模型。用模型的卡方自由度比（$\chi^2/df=3.589$）、比较拟合指数（CFI=0.885）、拟合优度指数（GFI=0.833）、均方根残差（RMSEA=0.078）等来检验原假设模型的拟合程度。各项拟合指数的输出值均接近或达到参考值，即说明样本数据与假设模型拟合得比较好，原假设模型通过了检验，是可以被接受的（表 4-4，图 4-2）。

表 4-4　模型整体适配度指数

适配指标	χ^2/df	RMR	RMSEA	CFI	GFI
参考值	<3	<0.08	<0.08	>0.90	>0.90
实测值	3.419	<0.079	0.069	0.894	0.834

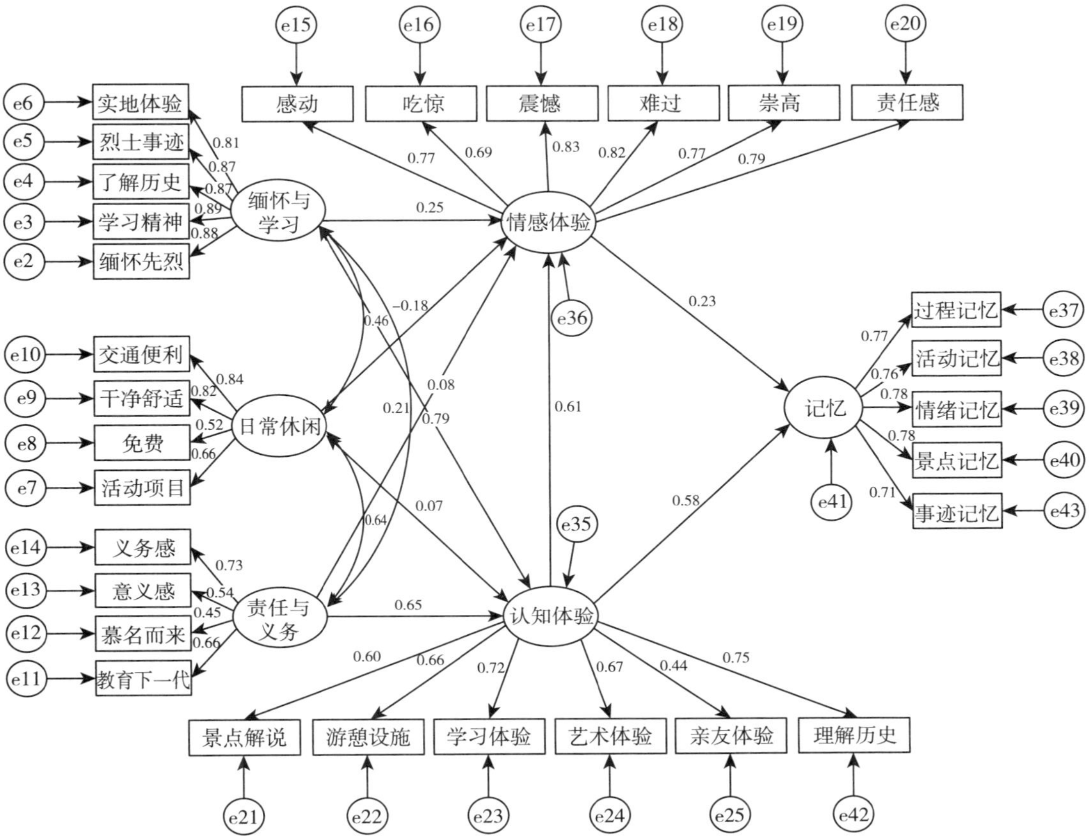

图 4-2　红色旅游动机、体验与记忆 SEM 路径图

在此基础上输出的各研究假设检验结果如表 4-5 所示。缅怀与学习对认知体验有显著影响；责任与义务对情感体验有显著正向影响；认知体验和情感体验均对令人难忘的体验有显著的正向影响，同时，情感体验在认知体验和难忘的旅游体验之间起显著的中介作用。

表 4-5　模型评价指标及检验结果

模型假设	路径系数	*SE*	*CR*	*P*	结论
认知体验←—责任与义务	0.466	0.107	4.350	***	支持
认知体验←—日常休闲	0.039	0.037	1.055	0.291	不支持
认知体验←—缅怀与学习	0.051	0.062	0.837	0.403	不支持
情感体验←—缅怀与学习	0.223	0.061	3.629	***	支持
情感体验←—日常休闲	−0.134	0.038	−3.537	***	支持
情感体验←—责任与义务	0.217	0.116	1.875	0.061	不支持

（续）

模型假设	路径系数	*SE*	*CR*	*P*	结论
情感体验←—认知体验	0.875	0.127	6.874	***	支持
记忆←—情感体验	0.227	0.083	2.728	0.006	支持
记忆←—认知体验	0.810	0.147	5.527	***	支持

（三）结果与分析

1. 缅怀与学习维度

表4-5分析结果表明，缅怀与学习对情感体验的路径系数达0.223，有显著正向影响。因而，基于缅怀与学习动机的游客参观雨花台风景区获得较强的情感体验，但认知体验不显著。林巧等学者认为知识动机是红色旅游者动机中更为重要的动机，但在雨花台风景区体现并不显著，故景区应通过多样化的手段如图文、语言、视频和演出等建立更完善的解说系统，为旅游者提供大量的、可获取的信息，满足人们学习的动机。

2. 责任与义务维度

责任与义务对认知体验（H4）具有正向影响，对情感体验的影响未通过显著性检验。说明基于责任与义务动机的游客，情感体验的涉入度不高。故而在开展红色旅游产品的市场营销时，应该有别于传统的旅游市场营销模式，积极调动旅游者缅怀与学习方面的动机，才能有更好的情感教育的效果。

3. 日常休闲维度

日常休闲对情感体验有显著负向影响，对认知体验无显著影响，这可能是因为基于日常休闲动机来参观雨花台风景区的游客未显著增强认知体验，且其情感体验中更多的是休闲放松，与历史感、震憾等相反，与缅怀与学习动机形成反差，也体现了红色旅游与传统旅游动机的区别。

4. 情感体验维度

在对情感体验的因子分析中发现，“来到这儿，被历史事实震撼”“为国家和人民曾经经历的苦难感到难过”具有较高的因子载荷系数，由此可知，旅游者在参观雨花台风景区的过程中获得了“震撼”“难过”等体验。这些体验并不完全归属于“愉悦”体验，与传统的旅游体验明显不同，因而可从特殊兴趣旅游的角度进一步探索旅游体验的内涵。同时对潜变量的标准化路径系数的研究结果表明，情感体验主要受缅怀与学习动机和认知体验动机的强烈驱动，对难忘的旅游体验有较强的正向影响。

5. 认知体验维度

研究表明，认知体验受到责任与义务的强烈驱动，其标准化路径系数为0.466，即责任与义务变化1个单位，认知体验整体变化0.466个单位。表明红色旅游爱国主义认知教育要注意激发参与者主动学习的动机。

6. 记忆维度

在模型拟合度评价指标中，情感体验（H1）和认知体验（H2）对记忆的 P 值检验均小于 0.005，达到较显著水平，说明红色记忆的传承受情感体验和认知体验双重驱动。红色旅游体验既要注意景观营造、遗产真实性，又要唤起旅游者的共情，认知体验和情感体验的驱动因素有差异，要激发旅游者的爱国情怀、寓爱国主义教育于旅游体验，加强对旅游体验环节中的共情环境、环节的打造十分必要。

四、结论与讨论

运用结构方程模型对红色旅游地游客动机、体验和记忆的影响机制模型进行研究，结果表明缅怀与学习的动机越强烈，情感体验与记忆越生动，再现性越强；认知体验主要受责任与义务动机的驱动，对记忆也有较强的正向影响。游客在参观雨花台风景区中，获得了“难过”“震撼”等情感体验，而这些体验并不完全属于“愉悦感”，说明红色旅游体验与常规旅游体验并非完全一致，所以未来可以尝试从特殊兴趣旅游的角度深入探析旅游体验的内涵。

未来在对红色旅游目的地的建设中，应当建立更完善的解说系统。红色旅游地不同于桂林、黄河等名川大河，也不同于云海、瀑布等天象气候，这些自然旅游资源不用解说，旅游者也能够获得愉悦体验，而像革命老区的破屋等红色旅游资源，如果不讲解、不加以说明，旅游者不会知其内涵。所以要通过多样化、个性化、全方位的手段如图文、视频、演出等，为旅游者提供大量的、可获取的信息，满足其追求知识增长（即缅怀与学习）的动机。在对红色旅游产品、红色旅游资源进行宣传营销时，应当区别于传统旅游营销模式。一方面调动旅游者责任与义务、缅怀与学习方面的旅游动机；另一方面引导旅游者积极主动地参与其中，从而获得更佳的旅游体验。红色旅游体验既要注意景观营造、遗产真实性，也要注意唤起旅游者的共情，激发旅游者的爱国情怀，寓爱国主义教育于旅游体验，加强旅游体验环节中的共情环境建设。

第五章　红色旅游情境下旅游者情绪唤起与情感共鸣

情绪是有机体反映客观事物与主体需要之间的关系的态度体验[①]。红色旅游作为以爱国主义和革命传统精神为主题的旅游形式，蕴含着崇高的价值理念和先进的文化元素，发展红色旅游是增强文化自信和弘扬社会主义先进文化的重要举措。红色旅游通过其教育、政治等功能，可以有效地影响旅游者的国家认同与情感认同。刘欢等分析红色旅游活动体验中的外在环境和内在环境对游客情绪唤起的作用，认为情绪唤起最终会影响个体的国家认同感[②]。张红艳等通过分析“旅游活动—旅游体验—文化认同”的实现路径，指出红色旅游会对游客的国家认同感产生正向作用[③]。刘佳等将敬畏感和自豪感纳入情感变量，验证了情感对红色旅游者行为的显著影响[④]。

旅游体验的影响涵盖知识、能力、情感态度和价值观等方面，旅游体验的核心是情感[⑤]。红色旅游活动带有强烈情感色彩，红色旅游景区作为提供难忘的红色文化体验的空间，在保护和呈现其历史价值的同时，能否唤起游客对历史的感受而产生情感连结，是影响旅游者体验评价和目的地选择更为重要的方面[⑥]。因此，对如何增进消费者与红色旅游间的互动，唤醒其爱国主义情感，从而产生情感共鸣的研究具有十分重要的意义。然而，目前关于红色旅游情感体验的实证研究相对较少[⑦]，缺少对红色旅游者情感共鸣具体内涵和维度的识别。本章关注红色旅游者的情感体验，以南京雨花台风景区为例，在刺激—激体—反应（Stimulate-Organism-Response，简称 SOR）模型的基础上构建了红色旅游者情感共鸣概念模型，通过调查问卷的方式获取数据，采用结构方程模型对概念模型进行验证，进而探究外部环境刺激、情绪唤醒和情感共鸣间的作用路径，尝试探讨和解释红色旅游者的情感共鸣机制。

---

① 林崇德，杨治良，黄希庭．心理学大辞典：上［M］．上海：上海教育出版社，2003：945.

② 刘欢，岳楠，白长虹．红色旅游情境下情绪唤起对游客认知的影响［J］．社会科学家，2018（3）：84－90.

③ 张红艳，马肖飞．新格局下基于国家认同的红色旅游发展［J］．经济问题，2020（1）：123－129.

④ 刘佳，滕金凌．红色旅游资源开发中敬畏感与自豪感对游客文明旅游行为意向的驱动机制［J］．自然资源学报，2021，36（7）：1760－1776.

⑤ Tung V，Ritchie J. Exploring the essence of memorable tourism experiences［J］. Annals of Tourism Research，2011，38（4）：1367－1386.

⑥ Seppo K A. Towards a general theory of touristic experiences：Modelling experience process in tourism［J］. Tourism Review，2001，56（3/4）：33－37.

⑦ 刘海洋，明镜．国内红色旅游研究进展与评述［J］．旅游研究，2012，4（3）：60－65.

第一节　红色旅游者情感共鸣的分析框架

一、红色旅游者的情感体验与情感共鸣

尽管心理学、神经生物学和组织行为学对情绪的实证关注越来越多，但在如何定义情绪方面仍然存在很多分歧。一般认为情感体验（affective experience）是一个人对自己的情感状态的意识，是一种情感与经验的有机结合[①]。在旅游情境中，情感体验是游客对情境做出的内在协调而形成的一种主体性的体验[②]，反映了个体与外界互动的过程，表现为旅游者的移情与共情等。除了主体因素，旅游者的情感体验会受到外界因素的影响，如情境氛围、空间设计、活动参与、旅游服务等。红色旅游通过参观游览革命遗址、革命纪念地等活动，为旅游者提供缅怀红色革命先烈、感悟红色革命精神的机会，并对社会、文化和经济等多个层面产生综合性影响。红色旅游在思想政治教育方面有较强的引导作用，以增强游客的社会责任感、培养家国情怀和弘扬爱国主义精神为核心，个体的情感体验在红色旅游中有着举足轻重的地位。

情感共鸣是情感体验中的一类，《简明心理学辞典》对情感共鸣的解释是在他人或情境所展露的情感表现的刺激作用下，引起的情绪或情感上相同或相似的反应。一般认为，情感共鸣的产生存在两个先决条件和两个主要的关系[③]。①先决条件：一是想象力，因为类似的情绪反应只能在个体拥有一定的想象力和角色置换的帮助下才能发生；二是个人的心理状态及认知，因为情感共鸣不是某种特定情感的传递或植入，而是主体在具有一定认知的情况下无意识地受到外部影响的结果。②主体关系：第一是主客关系，第二是主体和内在意愿一致。前者是后者的依据和先决条件，后者是前者的心理反应。只有两者处于相辅相成的状态时，才能进行心灵的沟通与交流，产生情感共鸣。唐培等学者认为红色旅游的情感体验是一种文化体验，是指通过视觉、听觉等感官系统接收红色文化所传达的文化符号，进而理解其蕴含的文化内涵，得到精神上的升华，达成情感共鸣[④]。刘欢等学者认为红色旅游会产生不同的情绪，其原因不仅在于游客自身的内在机制，还在于外界的影响，该研究认为游客的情感体验是由外部环境的认知评估与自身内部的认知评估相结合而产生的。游客在旅游过程中会受到旅游目的地环境及自我体验的多重因素影响，从而被唤起情绪[⑤]，激发情感共鸣，并影响情感态度的转变及重游意愿的生成。由此可以看出，情感体验乃至情感共鸣都是红色旅游研究的关键。张洁等学者在上述文献基础上对红色旅游

---

① 张智倩，赵亮．入藏旅游者情感体验构建路径与影响因素［J］．中国冶金教育，2021（2）：118-124.

② Lin Y，Kerstetter D，Nawijn J，et al. Changes in Emotions and Their Interaction with Personality in a Vacation Context［J］. Tourism Management，2014，40：416-424.

③ 黄向．旅游体验心理结构研究——基于主观幸福感理论［J］．暨南学报（哲学社会科学版），2014，36（01）：104-111，162-163.

④ 唐培，何建民．文化遗产活化体验质量对旅游者目的地忠诚的影响：一个链式多重中介模型［J］．南开管理评论，2020，23（5）：76-87.

⑤ 刘欢，岳楠，白长虹．红色旅游情境下情绪唤起对游客认知的影响［J］．社会科学家，2018（3）：84-90.

情感体验的影响因素进行较为详尽的划分，主要有主观和客观两个方面：客观影响因素包括红色旅游地的形象建筑、蕴含的历史文化、宣传方式等；主观影响因素包括个体的教育程度、对红色文化的认知、旅游偏好、民族国家意识等。

二、概念模型与研究假设

Mehrabian 等率先提出了 SOR 模型①。该模型扩展了传统的心理动态模型，将心理学研究由单一的因素推动到多因子的综合分析，并证实了当一个人受到外部刺激（S）时，会结合个体内部产生的情绪（O），从而引发个体反应（R）（图 5 - 1）。旅游者在旅游过程中产生的内部情感是外部因素与最终反应间的中介因素，外界环境的刺激触发了游客的情绪唤醒，从而影响游客后续决定采取何种行动。

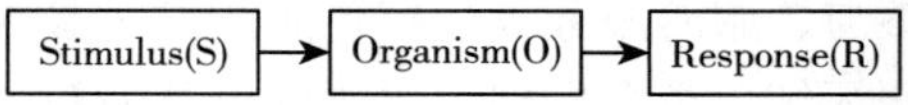

图 5 - 1　SOR 模型

结合相关研究，可以得出红色旅游的情感体验受主体和客体两方面的影响，即在客体的外在刺激和个人的认知评估下，二者的综合可以激发游客的情绪唤醒，产生红色旅游地的情感体验，从而进一步激发旅游者的情感共鸣。以 SOR 模型作为基础，初步得出外部因素—情绪唤醒—情感共鸣的概念模型。

1. 外部因素

影响红色旅游者情感共鸣机制的主要外部因素可分为氛围营造、仪式活动、空间设计和讲解系统 4 个维度。唐培等学者认为，旅游者借助视觉、听觉等感官系统接受红色旅游外部环境传递出的文化符号，能够获得积极的情感享受②。刘欢等学者也认为，红色旅游过程极易唤起游客一些积极的情绪，从而启发游客对现实的思考，产生正面、积极的效应③。

因此，对外部因素和内部条件因素之间的关系可以提出如下假设：

H1：空间设计正向影响个体情绪唤醒。

H2：氛围营造正向影响个体情绪唤醒。

H3：讲解系统正向影响个体情绪唤醒。

H4：仪式活动正向影响个体情绪唤醒。

2. 内部条件因素

影响红色旅游者情感共鸣机制的内部条件因素有知识水平、（背景知识）了解程度、情感投入程度和动机。在红色旅游活动中，情绪唤起是旅游者感知、理解外部信息的结果，一旦旅游者的某种情绪被唤起，就会对个体意愿和行为产生重要影响，进而推动旅游

① Mehrabian A，Russell J A. An approach to environmental psychology [M]. Cambridge：MIT Press，1974.

② 唐培，何建民．文化遗产活化体验质量对旅游者目的地忠诚的影响：一个链式多重中介模型 [J]．南开管理评论，2020，23（5）：76 - 87.

③ 刘欢，岳楠，白长虹．红色旅游情境下情绪唤起对游客认知的影响 [J]．社会科学家，2018（3）：84 - 90.

者产生情感共鸣[①]。从既有的实证来看，Kang 等学者通过相关分析发现旅游情感体验与旅游收获显著正相关[②]，而红色旅游者的情感共鸣属于旅游收获的一种[③]。

因此，对上述分析与研究进行整合后可以得出如下假设：

H5：个体情绪唤醒正向影响情感共鸣。

H6：个体情绪唤醒在外部因素和情感共鸣中起中介作用。

依据以上陈述和假设得出的概念模型构建如图 5 - 2 所示。

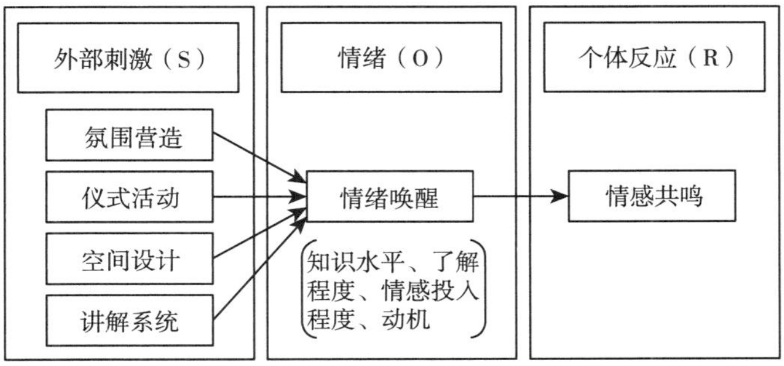

图 5 - 2　外部因素—情绪唤醒—情感共鸣概念模型

第二节　红色旅游者情感共鸣路径的分析与检验

一、数据分析与处理

（一）问卷设计

基于红色旅游者情绪共鸣机制研究，构建了相应的问卷框架，对题目的设置主要分成两个步骤：一是对陈述句进行汇总、分类，把相关的概念理论知识转化为调查者能理解的题目；二是将初步拟定好的测试题目提交给两位旅游管理研究方向的专家审核，对问卷进行修改和调整。问卷共有 4 个项目，分别为旅游者基本信息、外部因素、内部条件因素及情感共鸣反应，共计问题 30 道，其中有关旅游者个人基本信息共 8 道，外部因素部分共 13 道，内部条件因素部分共 4 道，情感共鸣反应部分共 5 道，后 3 个部分问题主要以李克特量表的形式呈现。

（二）数据收集

2022 年 4 月，通过线上调查的方式发放问卷，回收后剔除大面积缺失作答以及规律

---

① 骆培聪，赵雪祥，唐艺烜，等．环境教育感知对游客实施环境责任行为的影响——基于 SOR 理论视角［J］．重庆工商大学学报（社会科学版），2023，40（4）：177 - 126.

② Kang E J，Scott N，Lee T J，et al. Benefits of visiting a “dark tourism” site：The case of the Jeju April 3rd Peace Park，Korea［J］. Tourism Management，2012，33（2）：257 - 265.

③ 何丽萍．红色旅游中的沉浸感与旅游者社会主义核心价值观认同［J］．桂林师范高等专科学校学报，2021，35（5）：27 - 32.

作答问卷，剩余有效问卷254份。调研的样本特征：从性别角度来看，68.11%的是女子，31.89%的是男子。从年龄上来看，18岁以下、50岁以上的人口占比相对较小（7.09%），31～50岁的人口占比为19.29%，18～30岁的人口占比为73.62%，呈年轻化趋势。在政治面貌方面，大多数受访者（52.76%）是团员，反映出一定的政治素养。职业分布中，自由职业人员和学生的占比分别为30.71%和37.80%，因为二者都有更多的时间且拥有更高的自由度，所以旅游活动的时间更为充裕。收入水平分布较为平均，月收入3 000元以下占30.71%，其次为5 000～7 000元，占24.80%。学历层次分布以本科学历为主，占73.23%，其次为专科学历，占13.78%。其原因可能是青年旅游者大多接受过良好的教育，更愿意配合调查，从而提高了问卷的回收率（表5-1）。

表5-1　样本人口统计特征表

特征	选项	人数	占比/%
性别	女	173	68.11
	男	81	31.89
年龄	18岁以下	8	3.15
	18～30岁	187	73.62
	31～50岁	49	19.29
	50岁以上	10	3.94
政治面貌	党员	57	22.44
	团员	134	52.76
	群众	63	24.80
从事职业	国家政府机关、企事业单位人员	20	7.87
	个体经营人员	45	17.72
	自由职业人员	78	30.71
	学生	96	37.80
	离退休人员	8	3.15
	其他	7	2.76
学历	高中及以下	19	7.48
	专科	35	13.78
	本科	186	73.23
	硕士及以上	14	5.51
月收入	3 000元以下	78	30.71
	3 000～5 000元	56	22.05
	5 000～7 000元	63	24.80

（续）

特征	选项	人数	占比/%
月收入	7 000～9 000 元	34	13.39
	9 000 元以上	23	9.06
去雨花台次数	0 次	17	6.69
	1～3 次	131	51.57
	4～6 次	66	25.98
	7～9 次	20	7.87
	10 次以上	20	7.87
来雨花台的目的	对革命历史、红色文化感兴趣	135	53.15
	瞻仰缅怀革命先烈	154	60.63
	科学考察与研学	118	46.46
	单位或学校组织团建	132	51.97
	休闲观光	96	37.80

（三）信度检验

从表 5-2 中可得，氛围营造、仪式活动、空间设计、讲解系统、情绪唤醒和情感共鸣这 6 个维度的 Cronbach's α 值落在 0.769～0.907，均大于 0.7 的标准值。说明问卷拥有良好的信度。

表 5-2　信度检验结果表

维度	题项	CITC	Cronbach's α 值
氛围营造	XA1	0.611	0.769
	XA2	0.619	
	XA3	0.581	
仪式活动	XB1	0.671	0.818
	XB2	0.689	
	XB3	0.602	
	XB4	0.596	
空间设计	XC1	0.632	0.784
	XC2	0.631	
	XC3	0.605	
讲解系统	XD1	0.723	0.867
	XD2	0.767	
	XD3	0.757	

（续）

维度	题项	CITC	Cronbach's α 值
情绪唤醒	M1	0.692	0.832
	M2	0.587	
	M3	0.676	
	M4	0.688	
情感共鸣	Y1	0.755	0.907
	Y2	0.737	
	Y3	0.797	
	Y4	0.774	
	Y5	0.770	

二、路径分析与检验

（一）探索性因子分析

如表 5－3 所示，问卷的 KMO 值为 0.832，巴特利特球形检验达显著性水平（$P<0.001$），可以进行后续分析。

表 5－3　KMO 和巴特利特检验

KMO	巴特利特球形检验		
	近似卡方	自由度	显著性
0.832	2 564.126	231.000	0.000

将问卷数据引入 SPSS 后，采用主成分法提取因子，结果表明有 6 个因子的特征值大于 1，可解释累积高达 70.818%的方差（表 5－4）。碎石图（图 5－3）显示，从因子 7 开

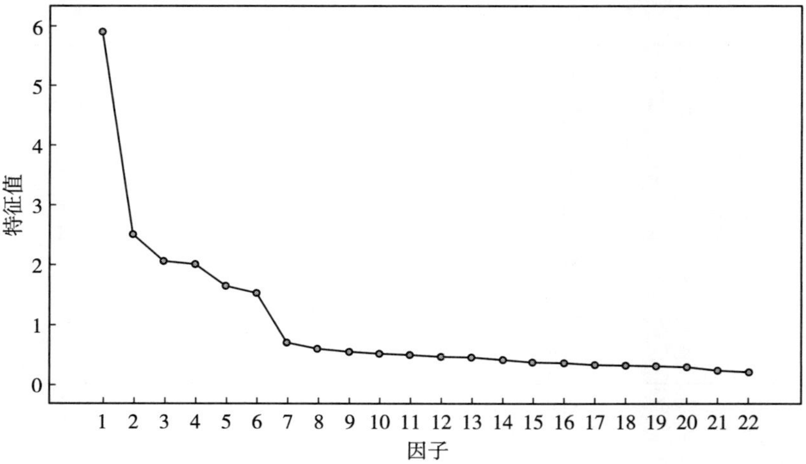

图 5－3　碎石图

始趋于平稳，建议提取 6 个因子。提取因子后，使用最大方差法进行旋转，结果如表 5-5 所示，所有题项落入预设维度中，说明问卷具有较好的结构效度。

表 5-4 总方差解释

成分	初始特征值			提取载荷平方和			旋转载荷平方和		
	总计	方差占比/%	累积/%	总计	方差占比/%	累积/%	总计	方差占比/%	累积/%
1	5.896	26.801	26.801	5.896	26.801	26.801	3.708	16.856	16.856
2	2.493	11.331	38.133	2.493	11.331	38.133	2.670	12.138	28.994
3	2.043	9.285	47.418	2.043	9.285	47.418	2.619	11.905	40.900
4	1.996	9.074	56.492	1.996	9.074	56.492	2.389	10.859	51.759
5	1.635	7.431	63.923	1.635	7.431	63.923	2.118	9.626	61.385
6	1.517	6.894	70.818	1.517	6.894	70.818	2.075	9.433	70.818
7	0.684	3.111	73.929						
8	0.583	2.650	76.579						
9	0.534	2.426	79.006						
10	0.508	2.308	81.314						
11	0.484	2.202	83.515						
12	0.446	2.027	85.543						
13	0.440	2.000	87.543						
14	0.405	1.840	89.383						
15	0.357	1.625	91.007						
16	0.351	1.594	92.601						
17	0.323	1.467	94.068						
18	0.311	1.411	95.479						
19	0.292	1.328	96.807						
20	0.279	1.269	98.076						
21	0.223	1.015	99.091						
22	0.200	0.909	100.000						

表 5-5 旋转后的成分矩阵

题项	成分					
	1	2	3	4	5	6
XA1	0.093	0.071	0.100	−0.001	0.122	**0.813**
XA2	0.132	0.170	0.032	0.032	0.152	**0.793**
XA3	0.042	0.072	0.111	0.102	0.034	**0.801**
XB1	0.055	0.138	**0.813**	0.035	0.041	0.062
XB2	0.050	0.030	**0.831**	0.061	0.073	0.110

（续）

题项	成分					
	1	2	3	4	5	6
XB3	0.149	0.133	**0.738**	0.028	0.126	0.035
XB4	0.029	0.058	**0.771**	0.099	−0.023	0.056
XC1	0.155	0.144	0.073	0.019	**0.811**	0.045
XC2	0.088	0.122	0.077	0.101	**0.803**	0.149
XC3	0.009	0.045	0.046	0.041	**0.827**	0.109
XD1	0.009	0.150	0.113	**0.861**	0.040	0.052
XD2	0.138	0.126	0.051	**0.874**	0.056	0.038
XD3	0.139	0.016	0.058	**0.881**	0.068	0.050
M1	0.245	**0.767**	0.166	0.076	0.057	0.115
M2	0.201	**0.731**	0.090	0.002	0.090	0.000
M3	0.050	**0.799**	0.107	0.145	0.114	0.167
M4	0.184	**0.801**	0.041	0.116	0.096	0.098
Y1	**0.796**	0.208	0.051	0.068	0.113	0.126
Y2	**0.811**	0.134	0.105	0.069	0.073	0.032
Y3	**0.860**	0.136	0.066	0.020	0.046	0.069
Y4	**0.850**	0.087	0.038	0.125	0.005	0.083
Y5	**0.831**	0.157	0.071	0.065	0.086	0.034

（二）验证性因子分析

在探索性因子分析的基础上，为了测量模型的拟合度，使用 AMOS 24 对量表类测量工具进行验证性因子分析。在分析中，题项的因子载荷需高于 0.6，若 CR>0.7 且AVE>0.5，则测量维度具有较好的收敛效度（convergent validity）。分析结果显示，模型的各个拟合指标均达到临界值要求，模型整体拟合度较好，适合进行后续分析（表 5－6）。

表 5－6　模型的拟合度

指标	临界值	当前值	结果
卡方		219.596	
自由度		194	
卡方自由度比	<3	1.132	符合要求
RMSEA	<0.08	0.023	符合要求
GFI	>0.9	0.929	符合要求
AGFI	>0.9	0.907	符合要求
RFI	>0.9	0.901	符合要求
NFI	>0.9	0.917	符合要求

（续）

指标	临界值	当前值	结果
IFI	>0.9	0.990	符合要求
TLI	>0.9	0.987	符合要求
CFI	>0.9	0.989	符合要求

进一步检验各题项因子载荷，结果表明，各载荷在0.650～0.861，均达到显著性水平（$P<0.001$）。维度的CR在0.769～0.907，均大于0.7；AVE在0.527～0.688，均大于0.5（表5-7）。各项指标均达到相应标准，测量维度的收敛效度较好。

表5-7 验证性因子分析与收敛效度

维度	题项	载荷	*SE*	*Z*	*P*	标准化载荷	CR	AVE
氛围营造	XA1	0.678	0.059	11.555	<0.001	0.727	0.769	0.527
	XA2	0.755	0.061	12.331	<0.001	0.772		
	XA3	0.611	0.057	10.679	<0.001	0.676		
仪式活动	XB1	0.759	0.058	13.168	<0.001	0.769	0.819	0.533
	XB2	0.764	0.056	13.554	<0.001	0.786		
	XB3	0.602	0.053	11.424	<0.001	0.688		
	XB4	0.612	0.055	11.022	<0.001	0.669		
空间设计	XC1	0.730	0.060	12.214	<0.001	0.754	0.784	0.548
	XC2	0.753	0.060	12.514	<0.001	0.771		
	XC3	0.685	0.061	11.145	<0.001	0.694		
讲解系统	XD1	0.701	0.049	14.253	<0.001	0.791	0.869	0.688
	XD2	0.883	0.055	15.944	<0.001	0.861		
	XD3	0.842	0.055	15.295	<0.001	0.835		
情绪唤醒	M1	0.764	0.055	13.897	<0.001	0.787	0.833	0.557
	M2	0.624	0.058	10.792	<0.001	0.650		
	M3	0.764	0.057	13.454	<0.001	0.768		
	M4	0.741	0.055	13.554	<0.001	0.772		
情感共鸣	Y1	0.764	0.051	15.024	<0.001	0.804	0.907	0.662
	Y2	0.676	0.047	14.363	<0.001	0.780		
	Y3	0.853	0.053	16.239	<0.001	0.846		
	Y4	0.822	0.053	15.476	<0.001	0.820		
	Y5	0.808	0.052	15.413	<0.001	0.818		

(三) 区分效度

数据的结构效度一般包含收敛效度与区分效度两种，已通过数据阐明了所测量的维度收敛效度良好。表 5-8 的数据结果显示，任意两个维度之间的相关系数均小于每个维度本身的 AVE 开平方根，表明该模型的不同维度间存在足够的区分效度，概念与概念间可以很好地区分开。

表 5-8　区分效度

变量	氛围营造	仪式活动	空间设计	讲解系统	情绪唤醒	情感共鸣
氛围营造	**0.726**					
仪式活动	0.261	**0.730**				
空间设计	0.363	0.225	**0.740**			
讲解系统	0.174	0.202	0.197	**0.830**		
情绪唤醒	0.372	0.321	0.348	0.300	**0.746**	
情感共鸣	0.273	0.220	0.257	0.248	0.452	**0.814**

注：表格对角线上的加粗数字为对应维度平均方差萃取量的平方根（$\sqrt{AVE}$），非对角线数字为维度间相关系数。

(四) 路径分析

对根据上文的假设建立的结构方程模型进行检验，以判断其是否能进行后续分析。结果显示，模型的各个拟合指标均达到临界值要求，模型整体拟合度较好，适合进行后续分析（表 5-9）。

表 5-9　模型的拟合度

指标	临界值	当前值	结果
卡方		226.646	
自由度		198	
卡方自由度比	<3	1.145	符合要求
RMSEA	<0.08	0.024	符合要求
GFI	>0.9	0.927	符合要求
AGFI	>0.9	0.907	符合要求
RFI	>0.9	0.900	符合要求
NFI	>0.9	0.914	符合要求
IFI	>0.9	0.988	符合要求
TLI	>0.9	0.986	符合要求
CFI	>0.9	0.988	符合要求

进一步对路径系数进行检验，结果显示，空间设计对情绪唤醒具有显著的正向影响（$B=0.203$，$SE=0.083$，$Z=2.435$，$P=0.015$，$\beta=0.193$），H1 成立；氛围营造对情绪

唤醒具有显著的正向影响（$B=0.258$，$SE=0.092$，$Z=2.815$，$P=0.005$，$\beta=0.229$），H2 成立；讲解系统对情绪唤醒具有显著的正向影响（$B=0.212$，$SE=0.076$，$Z=2.795$，$P=0.005$，$\beta=0.195$），H3 成立；仪式活动对情绪唤醒具有显著的正向影响（$B=0.187$，$SE=0.074$，$Z=2.526$，$P=0.012$，$\beta=0.186$），H4 成立；情绪唤醒对情感共鸣具有正向影响（$B=0.469$，$SE=0.073$，$Z=6.435$，$P<0.001$，$\beta=0.469$），H5 成立（表 5-10）。

表 5-10　路径系数检验

路径	系数（B）	SE	Z	P	标准化系数（β）	假设（H）	结果
空间设计→情绪唤醒	0.203	0.083	2.435	0.015	0.193	1	成立
氛围营造→情绪唤醒	0.258	0.092	2.815	0.005	0.229	2	成立
讲解系统→情绪唤醒	0.212	0.076	2.795	0.005	0.195	3	成立
仪式活动→情绪唤醒	0.187	0.074	2.526	0.012	0.186	4	成立
情绪唤醒→情感共鸣	0.469	0.073	6.435	<0.001	0.469	5	成立

如图 5-4 所示，XA1 为主体景观的氛围营造，XA2 为基础设施的氛围营造，XA3 为景区特色服务的氛围营造；XB1 为仪式活动的意愿程度，XB2 为仪式活动的内容，XB3 为仪式活动的形式，XB4 为仪式活动的体验；XC1 为空间设计与生态的契合度，XC2 为空间设计的氛围感，XC3 为空间设计的叙事性；XD1 为讲解系统中的导览指示，XD2 为讲解系统中的讲解词，XD3 为讲解系统中的讲解服务；M1 为个体的动机，M2 为个体的（背景知识）了解程度，M3 为个体的情感投入程度，M4 为个体的知识水平；Y1 为个体对国家的认同感和归属感，Y2 为个体对政党的认同感和归属感，Y3 为个体对历史和民族的认同感和归属感，Y4 为个体对生活态度的转变，Y5 为个体理想信念和价值观的提升。

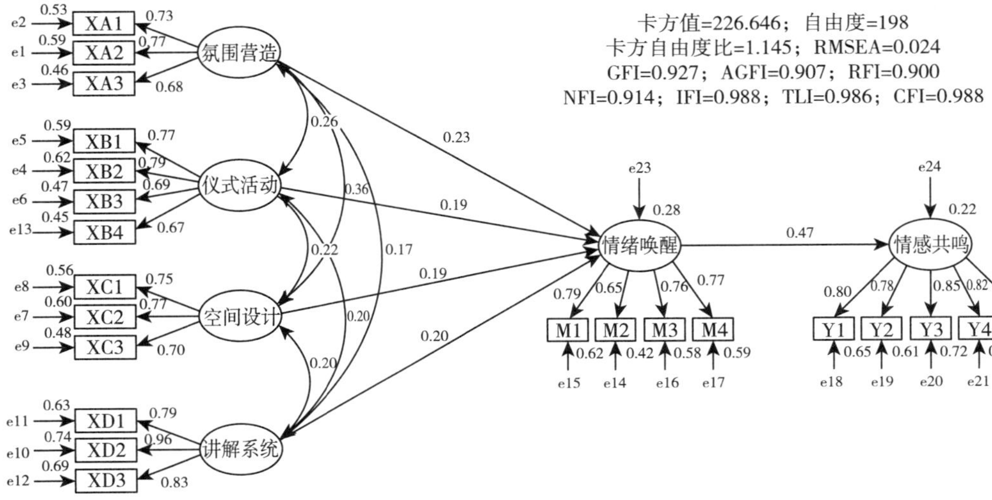

图 5-4　标准化结构方程模型检验结果

三、中介效应与 Bootstrap 分析

为验证 H6 是否成立，对内部条件因素（情绪唤醒）在外部因素和情感共鸣之间的作用进行检验分析，本章使用 AMOS 进行 5 000 次 Bootstrap 分析，计算间接效应偏差校正的百分位数置信区间，如置信区间不包含 0，则间接效应成立。

结果显示，空间设计可以通过情绪唤醒对情感共鸣产生显著的中介效应（Effect＝0.095，Bootstrap $SE=0.042$，95% $CI=[0.019, 0.184]$，$P=0.012$，std. Effect＝0.090 517）；氛围营造可以通过情绪唤醒对情感共鸣产生显著的中介效应（Effect＝0.121，Bootstrap $SE=0.051$，96% $CI=[0.034, 0.234]$，$P=0.006$，std. Effect＝0.107 401）；讲解系统可以通过情绪唤醒对情感共鸣产生显著的中介效应（Effect＝0.099，Bootstrap $SE=0.038$，97% $CI=[0.033, 0.185]$，$P=0.003$，std. Effect＝0.091 455）；仪式活动可以通过情绪唤醒对情感共鸣产生显著的中介效应（Effect＝0.088，Bootstrap $SE=0.037$，98% $CI=[0.024, 0.172]$，$P=0.007$，std. Effect＝0.087 234）（表 5－11）。

表 5－11　中介效应的 Bootstrap 检验

路径	系数（B）	Bootstrap				标准化系数（β）
		SE	95%CI		P	
空间设计→情绪唤醒→情感共鸣	0.095	0.042	0.019	0.184	0.012	0.091
氛围营造→情绪唤醒→情感共鸣	0.121	0.051	0.034	0.234	0.006	0.107
讲解系统→情绪唤醒→情感共鸣	0.099	0.038	0.033	0.185	0.003	0.091
仪式活动→情绪唤醒→情感共鸣	0.088	0.037	0.024	0.172	0.007	0.087

通过上述的中介模型的检验，可以发现四大维度的外部因素通过情绪唤醒对情感共鸣皆能产生显著的中介效应，即情绪唤醒在外界刺激与情感共鸣之间起到关键性作用。简而言之，红色旅游景区如果想要增进旅游者的情感共鸣，首当其冲要做到唤醒消费者的情绪。

针对如何对旅游者进行情绪唤醒，通过方程结构模型可知，外部因素的刺激是导致旅游者情绪唤醒的直接原因。通过上述数据分析的路径系数可得，唤醒旅游者情绪的影响因素可以分为 4 个维度，分别为氛围营造、空间设计、讲解系统以及仪式活动，其中氛围营造的影响效果最为显著。针对雨花台风景区如何唤醒旅游者情感的问题，根据上述讨论，可以给出如下建议。

（1）增进景区的红色文化氛围。红色文化氛围营造是唤醒旅游者情感的重要途径之首，南京雨花台风景区应当注重景区背景音乐和灯光效果等细节性基础设施建设，让红色旅游者在感官层面沉浸式体验旅游地的红色文化氛围。同时要重视各类具有景区特色的服务，只有顺应新时代爱国主义教育的需要，依据受众兴趣和参与意愿提供特色服务，才能激发红色旅游者情感共鸣的力量。

（2）提升景区内的讲解服务。在新形势下，如何做好景区讲解工作成了一个新课题。越来越多的红色旅游景区向游客免费开放，南京雨花台只有做到提高讲解员的综合素质，

打造高素质的宣传教育团队，将文化软实力和讲解硬实力相结合，塑造具有雨花台特色的讲解体系，形成具有差异化的竞争优势，才能唤醒旅游者的情感。

（3）增加景区内的仪式活动。通过调查问卷了解到有 75％的旅游者愿意参与雨花台的各类仪式活动，针对现有的仪式活动来看，想要增强旅游者的体验感从而进行情绪唤醒，就必须利用仪式互动促进个体的认知协调，巩固旅游者的爱国信念，通过仪式活动，个体的“我”逐步与“我们”融为一体，新的“信念共同体”即情感共鸣也就得以构建。

（4）改善景区内的空间设计。红色旅游景区的景观通常以当地的红色历史发展中具有一定影响力的人物或事件为设计基础，南京雨花台也是如此。如果想要更好地引发群体性联想和回忆从而对旅游者进行情绪唤醒，就要更大程度地加强雨花台风景区空间设计的叙事性，将景区划分为不同的空间故事区间，从而达到层层深入、引人入胜的效果。

四、结论与讨论

基于 SOR 模型框架构建了红色旅游者外部因素—情绪唤醒—情感共鸣的概念模型，并以问卷调查的数据对该模型进行验证，检验结果表明，个体情绪唤醒在外部因素和情感共鸣中起到中介作用；个体的情绪唤醒正向影响情感共鸣的产生；影响个体情绪唤醒的原因可分为 4 个维度，分别为氛围营造、空间设计、讲解系统以及仪式活动。上述研究表明，要想激发消费者与红色目的地间的情感共鸣，应该首先唤醒消费者的情绪体验，唤醒旅游者情感体验最主要的方法可概括为 4 点：①增强景区的红色文化氛围；②提升景区内的讲解服务；③增加景区内的仪式活动；④改善景区内的空间设计。

受限于研究者的学识，对数据进行整理与分析时可能仍会存在不精确之处。此外还具有一些不足之处：其一，对“情感共鸣”概念的界定仍存在一定局限性，对红色旅游者情绪共鸣机制的假设和构建仍属于探索性范畴，虽然有理论支持，但受研究目标、理论视野等原因影响，还不够成熟；其二，目前国内学者对红色旅游者情感共鸣问题的专门论述较少，相关的实证分析比较匮乏，仍然没有一个较为完善的情绪共鸣量表供参考；其三，只从旅游者的角度和思维模式来探索南京雨花台风景区的红色旅游者的情绪共鸣机制，没有对其他不同类型进行差异化的研究，今后可以进一步研究这些区域之间的差异性。

第六章　红色文化遗产活化体验与旅游者持续参与意愿

见证中国特色社会主义建设历程的革命文物和革命精神是宝贵的文化遗产[①]，其外在的物质载体需要得到合理保护，其内在的崇高精神遗产需要代代传承[②]。凝练红色文化遗产地的文化意象，将其活化、有形化，可以让红色文化遗产更好地为现代社会的经济发展和文化繁荣服务[③]。学者们就红色旅游发展问题进行较多研究，代表性的研究成果如马进甫、宋振美对红色旅游资源的特征及其开发策略的分析[④]，冯林芬对红色纪念馆面临的问题及对策探讨[⑤]，孙国栋对革命纪念馆发展热的冷思考[⑥]，罗永常对黔东南红色旅游资源保护与开发的研究[⑦]，刘春香等对地方红色旅游文化资源保护与开发的研究[⑧]。吴若山指出，要加快发展新型红色文化和旅游业态、场景和消费模式，壮大红色文化和旅游数字创意、网络视听、数字出版、数字娱乐、线上演播等新模式，推进超高清视频、沉浸式体验、云观展等新产品应用，构建红色文化和旅游创新体系[⑨]。林娟在研究中指出目前红色旅游的发展面临“无法吸引更多年轻人介入、参与进来，红色旅游价值观、红色旅游可持续性以及红色旅游国际化所面临的挑战”等几大困境，并指出发展红色旅游应该从单个红色景区开发模式向旅游目的地综合开发转变，加强对红色旅游产品和路线的创新，以及市场促销多元化[⑩]。

已有研究对红色旅游的多重价值、红色旅游资源开发有较多讨论，旅游者作为旅游活动的参与核心，旅游者体验在文化遗产活化中尤为重要[⑪]。由于中国红色旅游具有公益

---

① 鲁嘉宁，王淼，张克慧，等．乡野环境红色文化遗产保护利用策略——以北京市平谷区为例［J］．中国文化遗产，2022（1）：38－45.

② 唐丽萍，冯淑华．红色旅游资源的文化遗产价值及其评价——以南昌市八一起义纪念馆为例［J］．旅游研究，2011，3（2）：11－16，27.

③ 程圩，张澄．见人、见物、见精神：发展红色旅游的根本遵循与重要路径［J］．旅游学刊，2021，36（6）：9－11.

④ 马进甫，宋振美．简析红色旅游资源的特征及其开发策略［J］．北京第二外国语学院学报，2006（1）：111－114，78.

⑤ 冯林芬．浅谈红色纪念馆面临的问题及对策——以盐城新四军纪念馆为例［J］．才智，2014（34）：344.

⑥ 孙国栋．革命纪念馆发展热的冷思考［C］//．“红色文化论坛”论文集——中国博物馆协会纪念馆专业委员会 2012 年年会，2012：321－325.

⑦ 罗永常．对黔东南红色旅游资源保护与开发的几点思考［J］．凯里学院学报，2010，28（2）：114－118.

⑧ 刘春香．河南省红色旅游文化资源保护与开发研究［J］．许昌学院学报，2011，30（3）：129－132.

⑨ 吴若山．红色旅游发展的“破”与“立”［J］．旅游学刊，2021，36（6）：1－3.

⑩ 林娟．红色旅游当前的四大挑战及未来创新发展模式探析［J］．文化与旅游．2017（3）：59－71.

⑪ 李江敏，王青，赵青青，等．农业文化遗产旅游活化：旅游体验视角下的扎根研究［J］．资源开发与市场，2020，36（10）：1122－1126.

性，主要采取自上而下的方式，在经济效益上无法与其他旅游形式比，价值空间相对狭窄，仅有少数学者从文化遗产的视角关注红色旅游在促进红色文化传承与交流上的作用。相关研究指出，旅游者才是文化遗产旅游可持续发展的源动力，失去旅游者关注，开发和保护不能持久，而红色旅游普遍存在的文化内涵展示不足、丰富的精神内涵和深刻的教育意义未能为游客感知的问题急需改善[①]。本章以南京雨花台区风景区为例，以红色文化遗产保护学习收获、旅游者感知价值和旅游者满意为中介变量，利用结构方程模型研究红色旅游文化遗产活化体验质量和旅游者持续参与意愿之间的关系，探讨增强红色文化遗产活化传承效率、提高旅游者的满意度、促进旅游者持续参与的方式方法和手段，为提升红色文化的传承、传递和传播水平提供参考。

第一节　研究综述和研究假设

一、红色文化遗产活化体验质量与学习收获

遗产的旅游活化是基于游客体验，将静态文化遗产资源生动化，丰富旅游者体验的一种旅游开发手段[②]。设置纪念碑、纪念馆（博物馆）或纪念公园，仪式性地缅怀过去，同时提供休闲游憩、教育学习和传承历史文化的机会，让物质形态和非物质形态文化遗产再次走进人们的生活，保持遗产活力，在文化遗产保护的基础上合理利用，有助于对其进行有效保护，实现可持续发展[③]。文化遗产活化体验质量是文化遗产旅游的硬核，红色文化遗产也不例外。体验经济时代传承红色文化，红色旅游景区应更加重视为旅游者创造高质量的红色文化遗产活化体验，作为红色文化保持长久活力的基石[④]。红色文化遗产活化体验质量是旅游体验质量的一部分，是旅游者对一次旅游活动中有关红色文化遗产活化体验的评价，是旅游者将红色文化遗产活化对其需求满足与期望比较的结果。参考唐培、何建民等的研究，红色文化遗产活化体验质量可从博物馆活化体验质量、原址参观活化体验质量和文化产品活化体验质量 3 个维度加以分析。

体验学习（experiential learning）理论认为学习是具体体验、观察反思、抽象的概念化和主动检验 4 个环节的循环过程。该模式强调学习过程，而不是最终取得的结果，认为学习是以学生体验为基础的持续过程，学生个体与环境之间进行连续不断的互动，在体验过程中适应世界、创造知识[⑤]。旅游是体验学习最典型的实现方式，个体要想获得对某一文化遗产更真实、深入的理解，前往目的地旅游体验是比较理

---

① 梁莉莉，秦凤伶．红色文化遗产研究：成果综述及视角新探［J］．宁夏大学学报（人文社会科学版），2021，43（3）：6－13.

② 周武忠．文化遗产保护和旅游发展共赢——文化遗产保护与旅游发展国际研讨会综述［J］．艺术百家，2006（7）：73－79.

③ 唐培，何建民．文化遗产活化体验质量对旅游者目的地忠诚的影响：一个链式多重中介模型［J］．南开管理评论，2020，23（5）：76－87.

④ 张涛．新疆红色文化遗产价值转化探析［J］．文化产业，2020（23）：135－136.

⑤ 库伯．体验学习：让体验成为学习和发展的源泉［M］．王灿明，朱水萍，等，译．上海：华东师范大学出版社，2008.

想的选择。文化遗产旅游体验会给旅游者带来一定的学习收获，旅游者不仅能够借此加深对文化遗产的认识和了解，还能增进有关文化遗产保护的知识和技能，改变对文化遗产保护的态度。学习收获是文化遗产活化体验这一文化体验与文化遗产社会教育过程的自然结果①。体验质量越高，旅游者从中受益的可能性越大。因此，较高的红色文化遗产活化体验质量可能对应较高的学习收获。基于以上思路，提出如下假设：

H1：红色文化遗产活化体验质量对旅游者的学习收获有显著正向影响。

二、旅游者满意度、感知价值与旅游者持续参与意愿

旅游者感知价值是旅游者对消费的产品或服务的价值感知，是基于感知利得与感知利失的理性评价，被认为是影响旅游者消费和决策行为的关键因素，具有复杂性和多维性②。根据社会交换理论，感知利得大于感知利失的旅游目的地更容易受到旅游者青睐。旅游者感知价值对旅游者满意度和重游意向有重要影响③。卢小丽等根据市场营销和消费者行为的理论，提出影响旅游者持续参与意愿最重要的变量是感知的旅游价值和游客满意度④。感知价值是对旅游者从某一特定体验中获得的总体利益的评估，是通过比较感知的利益和支付的成本得出的。许鹏认为旅游者满意度是指旅游者对某一特定体验的总体情感反应，表明该体验满足旅游者期望的程度⑤。周梦琦认为旅游者对旅行的感知价值通常被认为是旅游者满意度和访问该城市意向的预测因素⑥，旅行的感知价值越高，对旅游者满意度的贡献就越大，旅游者就越有可能再次访问同一个地方。

根据"认知—情感—意向"关系理论来进行分析，即个体行为可由态度的 3 个成分（认知成分、情感成分和意向成分）之间的关系来解释⑦。首先，个体会根据各种事物的事实关系形成认知；然后，基于事物对人的价值关系产生相应的情感；最后，在情感的基础上引发行为意向。认知、情感、意向是相互关联的，同时存在层级关系，情感在认知与意向之间起着中介作用⑧。根据该理论，旅游者感知价值属于"认知"范畴；旅游者满意度是旅游者实际旅游体验与游前预期对比的结果，包含对旅游目的地各个方面的评价与整

---

① 张红梅，梁昌勇，徐健，等．特色旅游目的地形象对游客行为意愿的影响机制研究——以贺兰山东麓葡萄产业旅游为例［J］．中国软科学，2016（8）：50-61.

② 郭安禧，郭英之，李海军，等．旅游者感知价值对重游意向影响的实证研究——旅游者满意度和风险可能性的作用［J］．旅游学刊，2018，33（1）：63-73.

③ 粟路军．服务认知要素、消费情感和旅游者忠诚的关系——以厦门城市旅游者为例的研究［J］．经济管理，2012，34（7）：112-122.

④ 卢小丽，付幗．红色旅游质量、满意度与游客忠诚研究——以井冈山景区为例［J］．管理评论，2018，30（2）：127-135.

⑤ 许鹏．旅游品牌价值对游客满意度的影响——基于沉浸体验理论视角［J］．商业经济研究，2022（5）：88-91.

⑥ 周梦琦．红色旅游地感知形象对游后行为意向的影响［D］．武汉：中南财经政法大学，2020.

⑦ 郭安禧，黄福才，黎微．重游意向最关键驱动因素的实证研究——感知价值、感知吸引力、游客满意和游客信任的比较［J］．江西财经大学学报，2013（1）：38-46.

⑧ 何丽萍．红色旅游中的沉浸感与旅游者社会主义核心价值观认同［J］．桂林师范高等专科学校学报，2021，35（5）：27-32.

体评价，满意属于“情感”范畴[①]；游客持续参与意愿一般包括重游意愿、正面口碑传播和推荐意愿，是游客态度和行为的表现，属于“意向”范畴。即旅游者感知价值对旅游者满意度有显著正向影响，而旅游者满意度又对重游意向有显著正向影响。旅游者感知价值会影响游客持续参与意愿，并通过旅游者满意度（中介变量）的传导对游客持续参与意愿（因变量）产生影响。据此提出下列假设：

H2：感知价值对红色旅游者满意度有显著正向影响。

H3：感知价值对红色旅游者持续参与意愿有显著正向影响。

H4：满意度对红色旅游者持续参与意愿有显著正向影响。

三、学习收获、感知价值与旅游者满意度的多重中介作用

为旅行者提供独特的体验，如高质量的红色文化遗产旅游体验，会给旅游者带来认知、情感和行为方面的改变，使其有更多的学习收获。旅游者的学习收获属于旅游者感知收益（perceived benefits）的范畴。旅游者的知觉价值是通过对其获得的收益与付出的代价进行比较而获得的，因此，旅游者感知收益越大，越有利于产生较高的感知价值。而旅游者满意作为一种情感响应状态，也以旅游者感知收益为基础。所以，旅游者在红色旅游文化遗产活化中有更多的获益感知时，他们的感受会更有价值。感知价值越大，越有可能产生积极的情绪反应，从而产生更高的满意度。据此假设如下：

H5：红色文化遗产活化体验质量对旅游者感知价值有显著正向影响。

H6：红色文化遗产活化体验质量对旅游者满意度有显著正向影响。

H7：红色文化遗产活化体验质量对旅游者持续参与意愿有显著正向影响。

H8：学习收获对旅游者感知价值有显著正向影响。

H9：学习收获对旅游者满意度有显著正向影响。

H10：学习收获对旅游者持续参与意愿有显著正向影响。

这就形成了学习收获、感知价值与旅游者满意度 3 种模式的多元中介模式，这 3 种不同且独立的中介效应存在顺序性的关联，影响组合形成中介链，还可能产生链式多重中介作用。据此，提出以下假设：

H11：学习收获、感知价值和旅游者满意度对旅游者持续参与意愿有独立的中介效应。

基于上述研究进一步得出结论，红色文化遗产保护的学习收获、旅游者感知价值和旅游者满意度都可能是影响红色文化遗产活化体验质量和旅游者持续参与意愿的中介变量，各关键概念之间的作用关系如图 6－1 所示。

---

① 于松梅，杨丽珠．米契尔认知情感的个性系统理论述评［J］．心理科学进展，2003（2）：197－201.

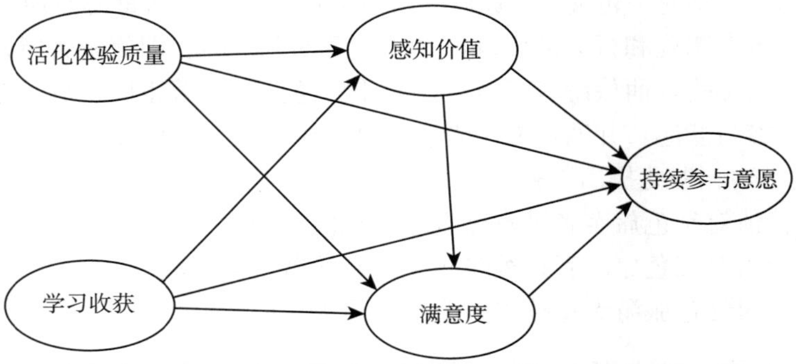

图 6-1　红色文化遗产活化体验质量—旅游者持续参与意愿的链式中介模型

第二节　南京雨花台风景区案例实证

一、研究案例

井冈山精神、苏区精神、延安精神、西柏坡精神、雷锋精神、焦裕禄精神、雨花英烈精神等，是中国共产党人文化创造的深厚积累。南京作为历史文化名城，见证了无数共产党人为争取民族独立、民族解放和国家富强而流血牺牲。在中国共产党的初创时期和大革命时期，江苏是党活动的重要区域……在雨花台风景区留下姓名的烈士就有 1 519 名。他们的事迹展示了共产党人的崇高理想信念、高尚道德情操、为民牺牲的大无畏精神。要注意用好、用活丰富的党史资源，使之成为激励人民不断开拓前进的强大精神力量①。南京雨花台风景区是南京重要的红色旅游景区，2017 年被列入《全国红色旅游景区名录》。雨花台风景区位于南京城南，是新民主主义革命时期中国共产党人和爱国人士集中殉难的地方。1949 年，党和人民政府筹建了雨花台风景区，经过 70 多年的建设和发展，雨花台风景区现已成为全国爱国主义教育示范基地、国家青少年教育中心、国家廉政教育中心和红色旅游经典景区，是研究红色文化遗产活化传承的一个合适的案例地②。

二、问卷设计与调查

（一）问卷设计

本问卷以现有的成熟量表为测量工具。英文量表选自旅游管理学科的权威国际学术期刊，译成中文之后从用词是否准确、语句有无歧义等方面进行反复修改和完善。中文量表则选用旅游研究中受到普遍认可的量表③。涉及红色文化遗产活化体验质量、红色文化遗产

① 李江敏，王青，赵青青，等．农业文化遗产旅游活化：旅游体验视角下的扎根研究［J］．资源开发与市场，2020，36（10）：1122－1126.

② 梁莉莉，秦凤伶．红色文化遗产研究：成果综述及视角新探［J］．宁夏大学学报（人文社会科学版），2021，43（3）：6－13.

③ 吴必虎，王梦婷．遗产活化、原址价值与呈现方式［J］．旅游学刊，2018，33（9）：3－5.

保护学习收获、旅游者满意度、旅游者感知价值和旅游者持续参与意愿的测量题项，采用李克特量表进行测量，1～5分别表示完全不同意、不同意、一般、同意、完全同意。此外，以人口学特征变量（即性别、年龄、文化程度、职业、月收入）为控制变量（表6-1）。

表6-1　问卷设计

维度	问卷问题
红色文化遗产活化体验质量（F1）	在雨花台风景区的红色文化体验超出了我的心理预期
	雨花台风景区给我带来了高质量的红色文化体验
	与其他地方相比，雨花台风景区给我的红色文化体验更好
	在雨花台风景区的红色文化体验让我感到难忘
	雨花台风景区的红色文化体验值得回忆
红色文化遗产保护学习收获（F2）	参观完雨花台风景区，增强了红色文化遗产保护意识
	参观完雨花台风景区，提高了对红色文化遗产价值的认识
	参观完雨花台风景区，丰富了红色文化遗产知识
	此次雨花台风景区之旅使我学到很多红色历史和文化知识
	此次雨花台风景区之旅加深了我对红色文化遗产的热爱之情
	此次雨花台风景区之旅使我更愿意参与到红色文化遗产的保护中来
旅游者感知价值（F3）	参观完雨花台风景区，我花费的钱与所得的旅游体验相比是值得的
	与付出的成本相比，我在雨花台风景区的旅游经历中获益更多
	我感觉此次出游选择雨花台风景区是值得的
	此次在雨花台风景区的旅游经历给我带来了很大的价值
旅游者满意度（F4）	参观完雨花台风景区，与游览前预期相比，我感到满意
	此次在雨花台风景区的旅游体验超出了我的心理预期
	与我之前在其他旅游景区的经历相比，雨花台风景区的旅游体验让我更满意
	总的来说，我对在雨花台风景区的旅游经历感到满意
	总的来说，在雨花台风景区的游览经历让我很开心
旅游者持续参与意愿（F5）	我愿意再来雨花台风景区旅游
	我愿意把雨花台风景区推荐给我的亲朋好友
	我愿意与他人分享自己在雨花台风景区游览的经历

（二）问卷调查

本次问卷调查时间为2022年4月，在南京雨花台风景区进行问卷调查，回收312份有效问卷。样本人口统计学统计如表6-2所示。

表6-2　样本人口统计学统计特征

项目	选项	频数	占比/%*
性别	男	148	47.44
	女	164	52.56

（续）

项目	选项	频数	占比/%*
年龄	18 岁及以下	11	3.53
	19～25 岁	115	38.86
	26～35 岁	21	6.73
	36～45 岁	24	7.69
	46～59 岁	74	23.72
	60 岁及以上	67	21.47
职业	事业单位/公务员/政府工作人员	46	14.74
	私企工作者	29	9.29
	军人	54	17.31
	学生	113	36.22
	自由职业者	13	4.17
	退休人员	34	10.9
	待业	13	4.17
	其他	10	3.21
受教育程度	初中及以下	34	10.9
	高中或者中专	93	29.81
	本科或者大专	167	53.53
	硕士及以上	18	5.77
参加红色旅游次数	0 次	18	5.77
	1～5 次	196	62.82
	6～10 次	61	19.55
	11 次及以上	37	11.86
是否去过雨花台风景区	是	275	88.14
	否	37	11.86

注：* 由于小数点后数值四舍五入，部分数值占比之和与 100%略有出入。

三、模型检验与分析

（一）探索性因子分析

问卷数据效度检验的 KMO 值为 0.959，比较接近 1，巴特利特球形检验的显著性值为 0.000，说明问卷的结构效度很好，同时适合做因子分析。采用主成分分析法对各变量进行探索性因子分析，在特征值>1、因子载荷系数的绝对值> 0.4 时提取公因子，所抽取的 4 个因素能够很好地解释原有变量，结果如表 6－3 所示。

表 6－3　总方差解释

成分	初始特征值			提取载荷平方和			旋转载荷平方和		
	总计	方差占比/%	累积/%	总计	方差占比/%	累积/%	总计	方差占比/%	累积/%
1	19.302	96.512	28.570	19.302	96.512	96.512	5.714	28.570	28.570
2	3.159	0.795	45.972	0.159	0.795	97.307	5.480	27.402	45.972
3	2.118	0.589	71.896	0.118	0.589	97.896	5.057	25.285	71.257
4	1.094	0.469	88.365	0.094	0.469	98.365	3.422	17.108	88.365
5	0.086	0.431	93.796						
6	0.058	0.292	99.088						
7	0.049	0.243	99.332						
8	0.041	0.207	99.539						
9	0.032	0.159	99.698						
10	0.028	0.138	99.835						
11	0.012	0.059	99.894						
12	0.008	0.040	99.934						
13	0.007	0.035	99.969						
14	0.003	0.013	99.983						
15	0.002	0.008	99.991						
16	0.001	0.006	99.996						
17	0.001	0.003	99.999						
18	0.000	0.001	100.000						

（二）相关性分析

由表 6－4 可知，红色文化遗产活化体验质量和红色文化遗产保护学习收获之间存在显著的正相关关系，相关系数为 0.494，说明 H1 成立；红色文化遗产活化体验质量、红色文化遗产保护学习收获和旅游者感知价值之间存在显著的正相关关系，相关系数分别为 0.393 和 0.396，说明 H5 和 H8 成立；红色文化遗产活化体验质量、红色文化遗产保护学习收获、旅游者感知价值和旅游者满意度之间存在显著的正相关关系，相关系数分别为 0.588、0.491、0.395，说明 H6、H9、H2 成立；红色文化遗产活化体验质量、红色文化遗产保护学习收获、旅游者感知价值、旅游者满意度和旅游者持续参与意愿之间存在显著的正相关关系，相关系数分别为 0.285、0.386、0.489、0.288，说明 H7、H10、H3、H4 成立。

表 6-4　Pearson 相关系数表

	活化体验质量	学习收获	感知价值	旅游者满意度	持续参与意愿
活化体验质量	1				
学习收获	0.494**	1			
感知价值	0.393**	0.396**	1		
旅游者满意度	0.588**	0.491**	0.395**	1	
持续参与意愿	0.285**	0.386**	0.489**	0.288**	1

注：** 表示相关性在 0.01 上显著。

（三）多重中介效应分析

Mplus 是一个统计建模软件，为研究者分析数据提供了多种选择，具有易于使用的图形界面和展示数据分析结果的模式、估计和算法。用 Mplus 对所测资料进行全面的中介作用测试时，若误差修正的可信度范围不包含 0，则中间效果明显。输出结果显示，红色文化遗产活化体验质量（F1）对旅游者持续参与意愿（F5）有显著的统计意义（0.726，$P=0.000$；0.228，$P=0.000$）。

表 6-5 为以红色文化遗产活化体验质量（F1）为自变量的多重中介效应检验结果。结果显示，总的中介效应统计显著。说明一方面，仅旅游者感知价值（F3）、旅游者满意度（F4）存在单独的中介作用；另一方面，红色文化遗产保护学习收获（F2）会联合旅游者感知价值（F3）、旅游者满意度（F4）形成中介链，产生链式多重中介作用。据此，H11 部分成立。

表 6-5　多重中介效应检验结果

效应	点估计/占总效应的比例/%	*SE*	95%置信区间		显著性
			下限	上限	
总的中介效应	0.448/46.2	0.025	0.221	0.865	是
SPE1：F1-F2-F5	0.093/1.7	0.052	0.000	0.056	否
SPE2：F1-F2-F3-F5	0.266/3.4	0.049	0.002	0.590	是
SPE3：F1-F2-F4-F5	0.013/2.6	0.200	0.004	0.440	是
SPE4：F1-F2-F3-F4-F5	0.016/2.1	0.017	0.007	0.180	是
SPE5：F1-F3-F5	0.053/7.4	0.073	0.289	0.007	是
SPE6：F1-F3-F4-F5	0.015/2.8	0.054	0.008	0.095	是
SPE7：F1-F4-F5	0.002/11.5	0.048	0.069	0.278	是

多重中介效应检验结果表明，雨花台风景区烈士纪念馆活化体验质量、雨花台风景区烈士纪念碑参观活化体验质量、雨花台风景区文化产品活化体验质量对旅游者持续参与意

愿的总效应（0.037，P=0.000；0.194，P=0.000；0.411，P=0.000）均显著。这说明，雨花台风景区烈士纪念馆活化体验质量、雨花台风景区烈士纪念碑参观活化体验质量、雨花台风景区文化产品活化体验质量对旅游者持续参与意愿（F5）的影响是通过红色文化遗产保护学习收获（F2）、旅游者感知价值（F3）和旅游者满意度（F4）这3个中介变量起的作用。综上所述，红色文化遗产保护学习收获、旅游者感知价值和旅游者满意度具有链式中介作用。

四、结论与启示

红色旅游究其本质，“旅游”是形式，“红色文化”是主要内容，旅游本质上可以视作加速红色文化遗产活化的催化剂和获得文化遗产活化体验的方式。但将文化遗产转变为休闲和旅游场所也面临着多重挑战：创造和保持娱乐与教育、文化保护与经济发展、大众旅游与可持续旅游的平衡等①。本章从旅游者视角检验了红色文化遗产活化体验质量对旅游者持续参与意愿的影响，结果表明：第一，红色文化遗产的活化质量对发掘红色文化遗产的收益、游客感知价值以及旅游者满意度都有明显的正面作用。第二，红色文化遗产的活化质量会间接地影响到旅游者持续参与意愿。虽然发现了对南京雨花台风景区直接和间接的影响路径，但通过可靠性测试只发现了一个多条间接影响路径的链条：红色文化遗产体验的质量→红色文化遗产的感知利益→旅游者的感知价值→旅游者满意度→游客持续参与意愿。第三，旅游者对南京雨花台风景区的了解和信息来源是分别影响红色文化遗产体验质量和旅游者感知利益的重要因素。第四，南京雨花台风景区红色文化遗产活化的质量间接影响游客持续参与意愿。

据此，南京雨花台风景区应提高对红色文化遗产的认识，激发红色文化活力，加强红色遗产文化保护的责任感，避免成为文物的掠夺者，努力成为文物的守护者和文物的继承者②。多措并举，以旅游者红色文化体验质量为导向提升管理和服务水平，提高旅游者对南京雨花台风景区的感知价值、满意度，从而吸引旅游者、留住旅游者，提高游客持续参与意愿。加大文化内涵挖掘和利用的工作力度，聘请红色文物保护专家、教授和技术人员担任顾问，定期组织关于红色文化遗产的会议和培训，以提高员工的文化遗产保护意识，为企业提供智力支持。规范南京雨花台风景区的运营和建设，确保不以牺牲红色文化遗产为代价开展旅游活动。对红色旅游文化遗产的营销和推广应尊重当地的基本历史事实，避免捏造或歪曲遗产历史。不要盲目跟风建设大型旅游设施，如玻璃幕墙、观景台，这些设施有损红色旅游文化遗产的整体外观。红色文化遗产活化不应泛泛而谈，而应充分利用红色旅游遗产的社会教育功能，完善南京雨花台风景区旅游产业的价值链。

---

① 付晓东，徐涵露．文化遗产的深度开发——以安阳殷墟世界遗产开发为例［J］．中国软科学，2014（7）：92-104.

② 吴光祥．新时代如何更好传承和弘扬雨花英烈精神［J］．唯实，2018（6）：43-46.

第七章　红色旅游者互动参与、感知价值与价值共创行为

体验是创造价值最先进的方式①，价值共创是顾客愿意主动投入精力和时间，通过沟通、互动和交流参与服务过程，共同创建服务体验的一种行为（意愿）②。红色旅游作为红色文化体验传承的有效途径，一方面，在历史现场感悟红色文化的厚重和震撼，能够加深对中国历史、中国革命史和中国共产党历史的了解和感悟，激发参与者的爱国情怀和全心全意为人民服务的精神力量；另一方面，红色旅游作为红色文化体验内容生产和传播的方式，可以创新红色文化传承的方式和路径，吸引和调动旅游者充分参与红色旅游活动，影响更多人参与红色旅游活动，拓展弘扬红色文化、宣传红色文化的有生力量。

Pine 和 Gilmore 认为，随着商品化的出现，当旅游地有目的地将服务当作舞台、商品作为道具，以创造令人难忘的事件的方式吸引游客，舞台化体验就会发生③。换句话说，体验可以以游客的参与和与目的地的联系为主题和特征，它们源于“探索、脚本编写和暂存的迭代过程”。Prentice 等指出，在文化旅游环境中，与目的地进行深入接触有助于获得旅游体验真实感，对于更积极的游客而言，寻求与即将访问的文化进行更高层次的互动也是正常的④。因此，有必要从价值共创过程的视角探讨旅游体验在红色文化价值共创过程中的桥梁作用。本章从互动仪式链的角度出发，探析景区-游客多重互动、情感共鸣与价值共创行为的影响作用，以及感知价值的中介效应，红色旅游情境下的互动和情感体验、感知价值如何对价值共创行为产生影响，为提升红色旅游的互动参与水平，为红色旅游的高质量发展提供一定的理论基础。

第一节　概念模型与研究假设

一、红色旅游者的互动参与和体验

根据互动仪式链理论，仪式过程中需要统一的互动符号和成员的情感共享，通过现场

① 卫海英，毛立静．服务仪式对消费者幸福感的影响研究——基于互动仪式链视角［J］．暨南学报（哲学社会科学版），2019，41（12）：79－90.

② 刘小燕．游客参与旅行社价值共创行为研究——理论与模型［J］．旅游纵览（下半月），2016（22）：74－75.

③ Pine II B J，Gilmore J. Integrating experiences into your business model：five approaches［J］. Strategy & Leadership，2016，44（1）：3－10.

④ Prentice R. Experiential Cultural Tourism：Museums & the Marketing of the New Romanticism of Evoked Authenticity［J］. Museum Management and Curatorship，2001，19（1）：5－26.

聚集后的互相分享和相互感染，共同的关注可以拉近成员之间的人际距离。人们在这一场仪式的狂欢中获得身份认同和自我认同，有利于建立和谐的人际关系、增加积极的情感体验①。在研究中发现，非功能性的群体仪式可以使得群体成员之间的联结更加紧密和融洽②。谢彦君与徐英将互动仪式作为研究对象，研究该理论对旅游体验情感能量产生现象的影响，包括其可能性和局限性③。余召臣基于互动仪式链的视角，通过分析文化认同和遗产旅游的内在联系，研究发现遗产旅游的互动仪式有助于激发情感上的依恋，创新旅游体验聚集的认同符号，聚集情感能量，激发集体兴奋和实践行为④。徐迎迎对旅游者的交互作用进行了研究，用情绪能量来考察个人参与仪式活动的动机与目的，运用社会学相关理论中的"互动仪式链"理论来剖析"游客互动"的行为，为游客交互研究开辟了新的研究领域⑤。

二、体验价值

莫里斯·霍尔布鲁克认为顾客价值是一种相互的、有偏好的体验。之后，许多学者从其他角度出发，对体验价值进行了不同的定义。付建丽通过游客的行为意愿与感受价值之间的关系角度指出体验价值是游客通过企业提供的产品和服务，获得精神层面的喜悦和满足感，是游客内心的总体感受⑥。皮平凡等对酒店顾客的体验情境性价值进行了研究，认为体验价值是顾客在与企业及其员工互动中的体验所得减去体验付出的感受，是一种需要企业通过营销手段加以强化的认知价值，包括功能性价值、情感性价值和权益体验价值⑦。Tynan 等基于价值的产生视角，认为体验价值产生的原因是与他人的互动和分享，而不是某人所单独拥有的价值等⑧。贾格迪斯·谢斯对体验价值的划分得到了更多学者的认可，他将体验价值划分为功能性价值、情感性价值、认知性价值和情境性价值。

三、价值共创行为

从服务主导逻辑的视角，价值共创可以理解为一种资源整合和相互性服务提供过程，行动者通过在镶嵌和重叠的服务生态系统中获得整体和承载意义的体验来共创价值。旅游活动的本质是体验，旅游者通过各种共创平台与旅游目的地和其他旅游者互动，获得体验，并共创价值，价值内嵌于体验之中。对于价值共创的核心维度，学者们基于不同的视角有不同的划分方式，Yi 和 Gong 从顾客行为的视角，将价值共创划分为消费者的公民行

---

① 柯林斯．互动仪式链［M］．林聚任，王鹏，宋丽君，译．北京：商务印书馆，2009：9-10，53，73-74，106，210.

② 安瑞琦．情感与交往：剧本杀中的青年互动行为研究——基于互动仪式链理论［J］．视听，2022（3）：128-131.

③ 谢彦君，徐英．旅游场中的互动仪式：旅游体验情感能量的动力学分析［J］．旅游科学，2016，30（1）：1-15.

④ 余召臣．遗产旅游与文化认同的模型建构与实践策略——基于互动仪式链的视角［J］．西南民族大学学报（人文社会科学版），2022，43（3）：34-42.

⑤ 徐迎迎．旅游场中团队游客互动对游客情感能量的影响［D］．大连：东北财经大学，2018.

⑥ 付建丽．美食旅游游客的体验价值对其行为意向的影响研究［D］．泉州：华侨大学，2019.

⑦ 皮平凡，刘晓斌．酒店顾客体验价值研究［J］．商业研究，2009（12）：167-170.

⑧ Tynan C，Mckechnie S. Hedonic meaning though Christmas consumption：A review and model［J］. Journal of Customer Behavior，2009，8（3）：237-255.

为和参与行为两个维度，公民行为涵盖了品牌信息反馈、成员帮助、品牌错误的接纳和原谅等，参与行为主要包括信息搜索、分享和互动等①；Ranjan 和 Read 依托价值理论视角，将价值共创细分为使用价值和共同生产两个维度，使用价值主要包括知识分享、平等和互动；共同生产则是指个性化体验与融洽关系等②。Busser 和 Shulga 也采用了价值和资源的视角，将价值共创划分为意义性、合作、有形资源的贡献、无形资源的贡献、认知识别、情感反应③。综上可以看出，目前价值共创概念内涵的理解并未达成一致，但现有研究多数是基于参与成员（企业、顾客等）、价值、资源分配等视角对价值共创展开研究。

四、关系模型建构

通过查阅互动行为、感知价值以及价值共创研究文献，借鉴互动行为和感知价值分析量表，构建红色旅游景区环境空间（包括功能空间、文化符号、氛围和特色空间这 4 个因素）—互动行为（包括产品互动、人际互动和服务互动这 3 个变量）—游客的体验感知价值（包括功能性感知价值、认知性感知价值、情感性感知价值和社会性感知价值）之间关系的概念模型。在红色旅游过程中，旅游环境空间存在着各种各样的刺激因素，促使旅游主体之间发生互动行为，无论是游客与服务人员的交互行为，还是游客与游客之间的交互行为，都是一个信息的传递与交流的过程，都可以对旅游者的感知和感受产生作用，从而使其在认知、情感、意动等方面发生变化，进而影响了游客价值共创行为结果（图 7-1）。

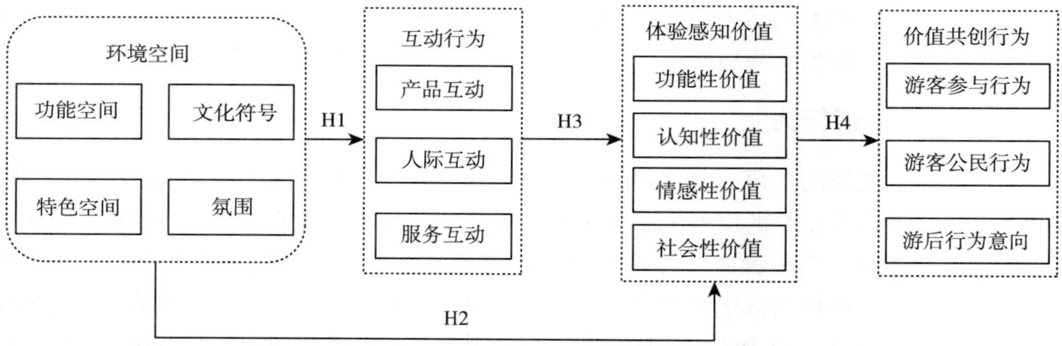

图 7-1　环境空间、互动行为、体验感知价值与价值共创行为关系模型

因此，现对旅游环境空间、旅游主体之间的互动行为、体验感知价值和价值共创行为的逻辑关系提出以下假设：

① Yi Y，Gong T. Customer value co-creation behavior：Scale development and validation [J]. Journal of Business Research，2013，66 (9)：1279-1284.

② Ranjan K R，Read S. Value co-creation：concept and measurement [J]. Journal of the Academy of Marketing Science，2016，44 (3)：290-315.

③ Busser J A，Shulga LV. Co-created value：Multidimensional scale and nomological network [J]. Tourism Management. 2018，65：69-86.

H1：景区环境空间质量对游客互动行为的产生有积极的影响。
H2：景区环境空间质量对游客体验感知价值的获取有积极的影响。
H3：游客互动行为对游客体验感知价值的获取有积极的影响。
H4：游客体验感知价值水平对游客的价值共创行为的产生有积极的影响。

第二节 数据收集与处理

一、案例地概况

南京作为江苏省省会，也作为历史上诸多革命事迹的见证者，遗留下来许多红色革命纪念地、遗址遗迹，红色旅游资源非常丰富，包括雨花台革命烈士陵园、渡江胜利纪念馆等。雨花台风景区占地153.7万平方米，坐落在南京市中华门外，是中国新民主主义革命的纪念地，同时也是规模最大的纪念性陵园和全国爱国主义教育示范基地。雨花台风景区主要包括六大功能区，分别为名胜古迹区、烈士陵园区、雨花石文化区、雨花茶文化区、游乐活动区和生态密林区。名胜古迹区的主要景点有烈士东殉难处、二忠祠、江南第二泉等；烈士陵园区主要包括烈士西殉难处、烈士群雕像、纪念碑廊、纪念池等；雨花石文化区的主要景点有八角亭以及雨花石博物馆等；雨花茶文化区的主要景点有雨花茶加工厂和博物馆等；游乐活动区的主要景点有少儿游乐区、红领巾广场等；生态密林区的景点主要有生态文明教育馆和青少年科教基地等。为了祭奠和缅怀这些革命烈士，景区会不定期举办一些祭奠活动，例如哀悼、献花等，吸引了大批游客前来为牺牲烈士哀悼。

二、数据获取与处理

（一）问卷设计与调查

1. 问卷设计

本次问卷一共涉及两个方面，一方面是游客的基本情况调查，即人口特征调查，包括性别、年龄、文化程度、政治面貌、职业、月均收入等方面信息的收集；另一方面是基于雨花台风景区所具有的环境空间特征，刺激游客在雨花台风景区产生的互动行为和获得体验感知价值对游客价值共创行为的影响，主要从游客选择雨花台风景区进行红色旅游的原因、到访次数、获取旅游信息的途径以及景区的环境空间特征（功能空间、文化符号、氛围和特色空间）、旅游过程中的互动行为、感知价值（功能性感知价值、认知性感知价值、情感性感知价值、社会性感知价值）、游客的参与行为和公民行为、游后行为意向等变量进行调查。

2. 问卷的发放与回收

本次的调查时间为2022年4月18—20日，因受疫情影响，主要采取的是线上调查方式，为了确保问卷的可信度和效度的可靠性，问卷调查对象都曾去过雨花台风景区参观。最终收到有效可供数据分析的问卷有309份。此次调查对象的人口统计学和旅游行为特征情况如表7-1、表7-2所示。

表 7-1　调查对象的人口特征描述性统计结果

人口特征	分类子项	频数	占比/%
性别	男	110	35.6
	女	199	64.4
年龄	18 岁以下	5	1.62
	18～30 岁	247	79.94
	31～45 岁	40	12.94
	46～60 岁	17	5.5
	60 岁以上	0	0
政治面貌	中共团员	150	48.54
	中共党员	49	15.86
	其他党派	3	0.97
	群众	107	34.63
文化程度	高中及以下	26	8.41
	专科	51	16.5
	本科	218	70.55
	硕士及以上	14	4.53
职业	政党机关、事业单位工作者	17	5.5
	普通公司职员	41	13.27
	个体经营户	16	5.18
	自由职业者	13	4.21
	学生	202	65.37
	离退休人员	19	6.15
	其他	1	0.32
个人月收入	3 000 元以下	201	65.05
	3 000～5 000 元	37	11.97
	5 000～7 000 元	29	9.39
	7 000～9 000 元	29	9.39
	9 000 元以上	13	4.21

表 7-2　调查对象的旅游行为特征描述性统计

行为特征	分类子项	频数	占比/%
到雨花台风景区参加红色旅游的原因	革命历史的吸引	180	58.25
	悼念爱国先烈	206	66.67
	休闲观光	156	50.49
	科学考察和研学	89	28.8
	学校、单位安排团建	116	37.54
	其他	3	0.97

（续）

行为特征	分类子项	频数	占比/%
到雨花台风景区旅游的次数	1～2 次	169	54.69
	3～5 次	97	31.39
	5 次以上	43	13.92
获取雨花台风景区旅游信息的渠道	旅游网站	47	15.21
	短视频 App	93	30.1
	景区官微、公众号	85	27.51
	旅行社	26	8.41
	朋友、熟人	58	18.77

通过样本人口特征可以看出，受访对象女性人数较多，占 64.4%，男性占 35.6%；年龄主要集中在 18～30 岁，占 79.94%；政治面貌方面，共青团员的人数最多，有 150 人占 48.54%，与青年人占比较多一致；在文化程度方面，本科学历占比最多，为 70.55%；在职业方面，65.37%的受访者为大学生，65.05%的受访者月收入在 3 000 元以下。通过对收集问卷的人口特征分析来看，受访对象以青年学生为主体，这一方面与本次问卷采集方式有关，另一方面也说明学生作为新时代建设的主力军，比较积极地参与到红色旅游活动中，与景区客源的实际情况基本相符。

由表 7-2 可知，到雨花台风景区参加红色旅游的原因最主要是悼念爱国先烈和革命历史的吸引，分别占 66.67%和 58.25%；休闲观光的人占 50.49%，雨花台风景区除作为烈士哀悼地外，其本身的自然环境也很优越，也吸引了不少游客前往游赏、踏青，特别是清明节前后，除了有大批游客前来祭奠革命先烈外，还有许多游客前来赏春踏青；学校、单位安排团建和科学考察和研学的人数也较多，分别占 37.54%和 28.8%，雨花台风景区蕴含深厚的红色革命文化内涵，是多个院校的爱国主义教育基地，各学校经常组织学生前往游览参观，以培养学生爱国主义情怀和增强学生的民族认同感。在到访次数方面，旅游次数在 1～2 次的人数较多，占比为 54.69%；其次为 3～5 次，占比为 31.39%；5 次以上占比为 13.92%；在获取旅游景区信息渠道方面，选择短视频 App 和景区官微、公众号的人数较多，分别占 30.1%和 27.51%。总体上，人们选择雨花台风景区进行旅游的动机大多是为了学习红色文化知识，缅怀革命先烈和体验红色革命氛围，且对雨花台风景区的重游意愿很高。

（二）变量的描述性统计分析

本章建构的关系模型包含了旅游景区环境空间、游客的互动行为、游客体验感知价值和游客的价值共创行为这 4 个量表，一共包含 14 个变量和 52 个题项。量表主要采用 5 点尺度量表，数值越大则意味着对该题项的认同程度越高（见表7－3）。

表7－3　变量的描述性统计结果

变量	题项	均值	标准差
功能空间	FS10	3.906	1.01
	FS11	3.961	0.993
	FS12	4.068	0.918
文化符号	CS13	4.204	0.95
	CS14	4.239	0.951
	CS15	4.262	0.893
	CS16	4.33	0.88
氛围	A17	4.223	0.878
	A18	4.165	0.88
	A19	4.201	0.889
特色空间	CCS20	4.207	0.909
	CCS21	4.223	0.942
	CCS22	4.227	0.887
产品互动	PI23	3.984	0.955
	PI24	4.029	0.965
	PI25	4.11	0.909
人际互动	II26	3.67	1.111
	II27	3.673	1.108
	II28	3.628	1.078
服务互动	SI29	4.003	0.985
	SI30	4.013	0.97
	SI31	4.019	0.911
功能性价值	FV32	4.11	0.894
	FV33	4.01	0.924
	FV34	4.165	0.795
	FV35	4.084	0.825
	FV36	4.139	0.792
认知性价值	CV37	4.136	0.912
	CV38	4.159	0.949
	CV39	4.117	0.922
	CV40	4.201	0.904
情感性价值	AV41	4.058	0.972
	AV42	4.068	0.966
	AV43	3.961	0.983

（续）

变量	题项	均值	标准差
情感性价值	AV44	4.049	0.94
	AV45	3.977	0.972
社会性价值	SV46	3.709	1.053
	SV47	3.693	1.069
	SV48	4.11	0.93
	SV49	4.055	0.922
	SV50	4.016	0.955
游客参与行为	TPB51	4.117	0.875
	TPB52	3.99	0.952
	TPB53	4.159	0.851
	TPB54	4.016	0.91
游客公民行为	TCB55	4.107	0.918
	TCB56	4.155	0.88
	TCB57	4.162	0.86
	TCB58	4.168	0.863
行为意向	BI59	4.049	0.919
	BI60	4.094	0.912
	BI61	4.042	0.937
	BI62	4.160	0.997

各个题项的平均值最小为3.628，最大为4.33，平均值高于4的测量项主要集中在文化符号、氛围、特色空间、服务互动、功能性价值、认知性价值、游客公民行为和行为意向这8个变量当中，平均值有的低于4，低于4的主要集中在功能空间、产品互动、人际互动、情感性价值、社会性价值和游客参与行为这6个变量当中。雨花台旅游者对环境空间、氛围、服务的体验感较为强烈，对其功能定位和知识内涵有较强的认同，比较支持景区旅游活动，表现出比较高的参与意愿；相比之下，互动行为的参与、旅游者情感体验感和社会价值感相对弱。

（三）信度分析

采用Cronbach's α系数检验量表信度。通常情况下，当 $\alpha>0.7$ 时，表明信度可以接受；当 $0.7<\alpha<0.8$ 时，表明信度较好；当 $0.8<\alpha<0.9$ 时，表明信度很好；当 $\alpha>0.9$

时，表明信度特别好。本研究量表的 $\alpha>0.9$，有较高的信度（见表 7-4）。

表 7-4　研究变量的信度检测结果

变量/量表	题数	题目编号	Cronbach's α 系数
环境空间量表	13	FS10-CCS22	0.964
功能空间	3	FS10-FS12	0.885
文化符号	4	CS13-CS16	0.965
氛围	3	A17-A19	0.913
特色空间	3	CCS20-CCS22	0.930
互动行为量表	9	PI23-SI31	0.931
产品互动	3	PI23-PI25	0.911
人际互动	3	II26-II28	0.834
服务互动	3	SI29-SI31	0.936
体验感知价值量表	19	FV32-SV50	0.967
功能性价值	5	FV32-FV36	0.921
认知性价值	4	CV37-CV40	0.955
情感性价值	5	AV41-AV45	0.939
社会性价值	5	SV46-SV50	0.921
价值共创行为量表	12	TPB51-BI62	0.962
游客参与行为	4	TPB51-TPB54	0.914
游客公民行为	4	TCB55-TCB58	0.930
行为意向	4	BI59-BI62	0.948

注：题目编号根据变量英文缩写命名。

（四）效度分析

调查中互动行为、感知价值和价值共创行为量表源自相关研究的成熟量表，具有较高的效度。对环境空间进行探索性因子分析可知，KMO 值为 0.870，题目的共同度值都大于 0.4，并且 4 个公因子的方差解释率值分别为 25.979%、19.871%、19.741% 和 19.326%，旋转后积累方差解释率为 84.917%，大于 60%，该量表题目的数据信息具有可提取性。各个因子的负荷系数均大于 0.6，表明题目与因子之间的对应关系与之前设想的结果基本符合。在这些基础上，结合验证性因子分析，对量表的整体效度做了进一步分析。

1. 拟合效度分析

如表 7-5 所示，环境空间、感知价值和价值共创行为量表的 χ^2/df 均小于 3，互动行为量表的 χ^2/df 为 3.010，接近 3；4 潜变量的 RMSEA <0.1；环境空间、互动行为和

价值共创行为量表的 GFI 均>0.9，数据的拟合效度基本符合验证性因子分析的要求。

表 7-5 各个量表的整体拟合系数结果

量表	χ^2/df	RMSEA	GFI	AGFI	CFI	IFI	TLI
环境空间	2.168	0.062	0.944	0.914	0.979	0.980	0.973
互动行为	3.010	0.081	0.948	0.903	0.982	0.982	0.972
感知价值	2.632	0.073	0.879	0.842	0.953	0.953	0.945
价值共创行为	2.458	0.069	0.938	0.905	0.972	0.972	0.963

2. 收敛效度和组合信度分析

如表 7-6 所示，研究所设计的 4 个测量量表的收敛效度和组合信度都比较可靠且具有研究价值。

表 7-6 各个量表的收敛效度和组合信度结果

量表名称	路径	Estimate	AVE	CR
环境空间	FS10←功能空间	0.844	0.775	0.912
	FS11←功能空间	0.945		
	FS12←功能空间	0.848		
	CS13←文化符号	0.908	0.804	0.942
	CS14←文化符号	0.912		
	CS15←文化符号	0.877		
	CS16←文化符号	0.888		
	A17←氛围	0.871	0.751	0.901
	A18←氛围	0.894		
	A19←氛围	0.834		
	CCS20←特色空间	0.94	0.781	0.914
	CCS21←特色空间	0.874		
	CCS22←特色空间	0.834		
互动行为	PI23←产品互动	0.898	0.783	0.915
	PI24←产品互动	0.879		
	PI25←产品互动	0.877		
	II26←人际互动	0.884	0.661	0.852
	II27←人际互动	0.863		
	II28←人际互动	0.676		
	SI29←服务互动	0.901	0.825	0.934
	SI30←服务互动	0.932		
	SI31←服务互动	0.892		

（续）

量表名称	路径	Estimate	AVE	CR
感知价值	FV32←功能性价值	0.766	0.654	0.904
	FV33←功能性价值	0.793		
	FV34←功能性价值	0.782		
	FV35←功能性价值	0.857		
	FV36←功能性价值	0.842		
	CV37←认知性价值	0.888	0.814	0.946
	CV38←认知性价值	0.902		
	CV39←认知性价值	0.907		
	CV40←认知性价值	0.912		
	AV41←情感性价值	0.884	0.765	0.942
	AV42←情感性价值	0.88		
	AV43←情感性价值	0.857		
	AV44←情感性价值	0.902		
	AV45←情感性价值	0.848		
	SV46←社会性价值	0.769	0.709	0.924
	SV47←社会性价值	0.825		
	SV48←社会性价值	0.842		
	SV49←社会性价值	0.905		
	SV50←社会性价值	0.862		
价值共创行为	TPB51←游客参与行为	0.796	0.69	0.899
	TPB52←游客参与行为	0.826		
	TPB53←游客参与行为	0.866		
	TPB54←游客参与行为	0.833		
	TCB55←游客公民行为	0.848	0.754	0.925
	TCB56←游客公民行为	0.88		
	TCB57←游客公民行为	0.859		
	TCB58←游客公民行为	0.887		
	BI59←行为意向	0.901	0.59	0.827
	BI60←行为意向	0.901		
	BI61←行为意向	0.843		
	BI62←行为意向	0.160		

三、关系模型检验

采用 SPSS 和 AMOS 的结构方程建模工具对模型进行构建与验证，标准化的分析结果如图 7－2 所示。

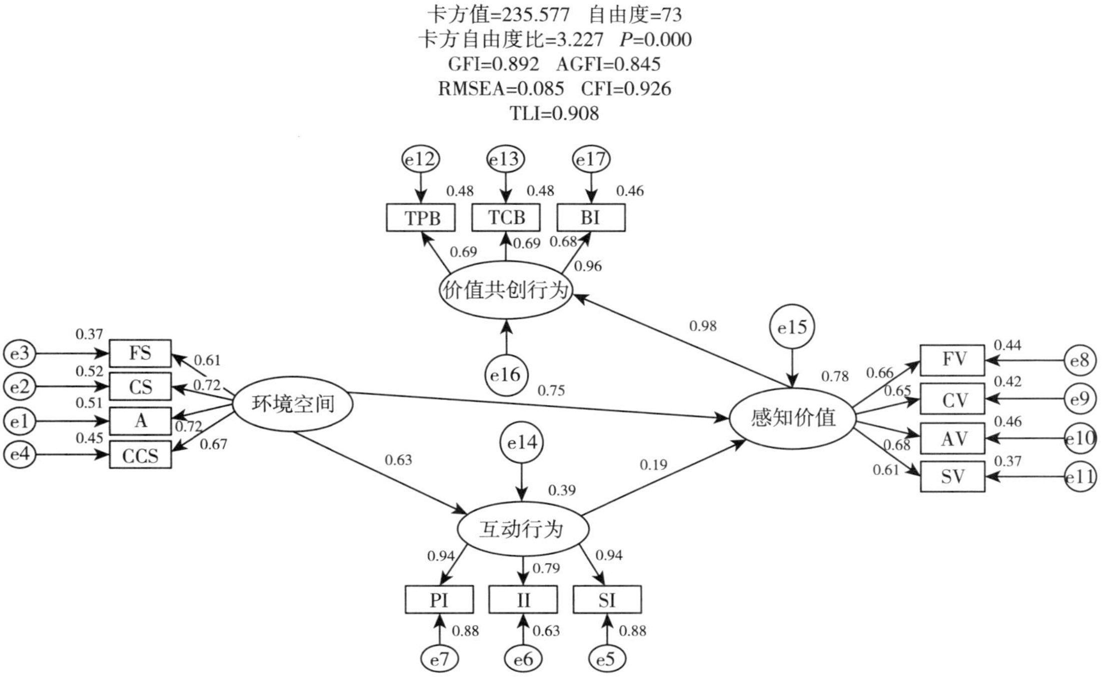

图 7－2　标准化结构方程模型

注：FS 表示功能空间；CS 表示文化符号；A 表示氛围；CCS 表示特色空间；PI 表示产品互动；II 表示人际互动；SI 表示服务互动；FV 表示功能性价值；CV 表示认知性价值；AV 表示情感性价值；SV 表示社会性价值；TPB 表示游客参与行为；TCB 表示游客公民行为；BI 表示行为意向。

（一）模型拟合度评价

χ^2/df 是指卡方自由度比，卡方自由度比低于 3 是理想值，低于 5 是较为理想值。本次设计的模型，卡方自由度比为 3.227，低于 5，表示该方程模型的适配度比较理想。RMSEA 所表示的是不拟合指数，当 RMSEA 处于 0.05～0.08 时，表示拟合效果合适；当 RMSEA 处于 0.08～0.1 时，表示拟合效果一般；当 RMSEA 超过 0.1 时，表示拟合效果较差。本次设计的方程模型的 RMSEA 为 0.085，处于 0.08～0.10，表明拟合效果一般。GFI 的含义是拟合优度，当 GFI 高于 0.9 时，表示拟合效果较好，本次设计的模型的 GFI 为 0.892，低于 0.9，表示拟合效果一般。CFI 所表示的是模型拟合指数，当 CFI 高于 0.9 时，表示拟合效果较好。本次设计的方程模型的 CFI 为 0.926，拟合较好。以上数据由表 7－7 所示。从整体上看，此标准化结构方程模型的拟合效度较好。

表 7－7　标准化结构方程模型整体的拟合系数结果

χ^2/df	RMSEA	GFI	AGFI	CFI	IFI	TLI
3.227	0.085	0.892	0.845	0.926	0.927	0.908

（二）模型路径分析及假设检验

由表 7－8 可知，H1～H4 都成立。除此之外，在解释的方差方面，环境空间解释了 39.4％的互动行为方差变异；互动行为和环境空间共解释了 77.8％的感知价值方差变异；感知价值解释了 96％的游客价值共创行为方差变异。

表 7－8　结构方程模型路径系数结果

路径	*Unstd.*	*SE*	*CR*	*P*	*Std.*（β）	R^2
互动行为←环境空间	0.917	0.100	9.155	***	0.627	0.394
感知价值←互动行为	0.109	0.037	2.909	0.004	0.193	0.778
感知价值←环境空间	0.617	0.08	7.759	***	0.748	
价值共创行为←感知价值	1.117	0.110	10.167	***	0.980	0.960

数据分析结果表明，景区环境空间质量对促进游客互动行为的产生，以及游客感知价值的提升都有显著的正向影响，因此雨花台风景区应当努力营造良好的环境空间，能够激发游客参与互动的意愿且能够给游客留下深刻感知体验；由于互动行为对感知价值有比较显著的正向影响作用，因此景区要在红色旅游产品方面积极创新，开展有关红色文化互动类的特色活动，使游客在参与互动活动中留下难忘的体验记忆；由于旅游者的体验感知价值水平对激励游客价值共创行为的产生有显著的正向影响，因此雨花台风景区要努力提升各方面的质量，包括旅游设施质量和景区工作人员的服务质量等，尽可能提高游客的感知价值，引导游客参与到价值共创的行为中来。

四、结论与讨论

本章以去过雨花台风景区参加红色旅游的游客为调查对象，以其他学者有关互动仪式链、价值共创行为以及感知价值的研究成果和 SOR 理论模型为理论基础，建构了环境空间-互动行为-体验感知价值-价值共创行为的概念分析模型。采用 SPSS 和 AMOS 软件，对问卷数据进行了信度和效度分析、探索性因子分析以及验证性因子分析，对模型假设进行了检验，并得出结论：雨花台风景区的环境空间质量对旅游者互动行为的产生有显著的正向影响；雨花台风景区的环境空间质量对游客的体验感知价值的提升有显著的正向影响；旅游者的互动行为对游客的体验感知价值的提升有比较显著的正向影响；旅游者的体验感知价值对游客价值共创行为的产生有显著的正向的影响。

根据以上结论，给出以下指导建议。

第一，针对环境空间方面，雨花台风景区环境空间对游客互动行为的产生和感知价值的获得有明显的影响作用，因此雨花台风景区首先要营造好自身旅游环境空间，合理设计景区的休憩空间，保持景区环境的干净整洁，打造优美的旅游环境，且要努力完善旅游基础设施及娱乐设施；另外，雨花台风景区要尽可能挖掘并充分利用好自身所拥有的红色文化内涵，凸显出红色景区独有的红色文化底蕴和氛围，只有这样才能够刺激游客产生参与红色旅游活动的动机，并给游客留下深刻难忘的旅游体验进而提高游客的感知价值。

第二，针对互动行为方面，游客的互动行为对感知价值的获取有比较明显的正向影响作用，因此景区要在红色旅游产品方面积极创新，开展有关红色文化互动类的特色活动，使游客愿意在旅游过程中乐于参与互动活动，让游客在参与互动活动中留下难忘记忆；另外，要积极搭建游客与景区交流的互动平台，以便游客能及时获取景区发布的相关信息，并且游客能在交流平台上分享自己的旅游经历，通过经历的分享获得情感共鸣，这样能促进游客与旅游生产者之间产生互动，或者与其他游客之间产生互动，从而提升游客的旅游体验感知价值。

第三针对感知体验方面，旅游者的感知体验对游客价值共创行为的产生具有显著的影响作用，因此旅游生产者可以通过改善旅游基础设施及娱乐设施、提高景区服务人员的服务质量来提高游客的功能性感知价值；通过营造具有浓厚红色文化内涵的旅游环境及氛围，加强景区讲解员的讲解能力，将有关雨花台红色革命的文化知识传播给更多的人，以增长人们的知识储备，增强民族认同感和爱国主义情怀，进而提高游客的认知性感知价值；雨花台风景区可以搭建景区与游客之间的交流平台，可以使游客及时了解到景区的相关消息，且游客可以通过平台分享自己的旅游经历及体验，这样，一方面可以使景区明确自己的优点与缺点；另一方面，游客可以在经验分享中发现与他们感情上有共鸣的其他旅游者，加深与其他游客的感情，进而就能够提高游客的社会性感知价值。除此之外，景区还可以通过一些奖励机制，比如赠送纪念品、免收门票费等，以此来提高旅游者的体验感知价值。引导游客积极参与到价值共创的行为中来，游客的价值共创行为对景区运营有非常重要的作用，一方面游客能获得难忘的旅游体验，积极地为景区进行宣传，加大景区知名度；另一方面，景区能通过游客反映的意见和建议，丰富红色旅游活动，提升红色旅游产品的质量，只有这样，红色旅游才能健康蓬勃发展。

本次研究依然存在一些局限。首先是在调查对象方面，主要局限于大学生群体，样本范围较窄，不够全面。另外，受疫情影响，调查的数据采集主要采用的线上方式，在时间和条件允许的条件下，本应在线下、实地进行调查，选择合适的调查样本，调查样本要涉及不同年龄、不同职业、不同社会阶层的人，以确保调查数据的真实性、可靠性和科学性。

第八章　红色记忆旅游资源开发研究

红色记忆作为红色文化的重要组成部分，在巩固中国共产党执政基础、强化政权合法性建设、建构身份认同等方面发挥着重要的作用[①][②]。然而快节奏的生活、安逸的环境让新生代群体对红色革命历史、英雄事迹和形象的认识停留在书本、纪录片和影视剧中，为创立建立新中国而奋斗的历史过程中的困苦和艰辛在他们的字典里也变得遥远而抽象，他们对于家国的红色记忆需要不断建构来传承和延续，提升国家凝聚力和地方归属感。党和国家的宣传部门采取了多种方式、方法，传递、唤起和巩固红色记忆[③]。在众多的方式、方法中，红色旅游以一种创新的模式，在传递、唤起和巩固红色记忆中发挥的作用越来越明显[④]。如何挖掘和传承地域精神，传承宝贵的革命精神和红色记忆，形成城市个性和特色是一个非常有意义的研究课题。

“陕北有个延安，苏北有个盐城”，盐城作为革命老区，新四军的足迹遍布全区[⑤]，红色革命遗址有250多处，包括纪念馆、红色纪念碑、纪念塔等。新四军纪念馆被列入全国100家“红色旅游经典景区”和30条“红色旅游精品线路”行列。盐城被誉为红色旅游的圣地，但铁军精神等红色记忆却在城市旅游发展过程中未能发挥其重要作用，红色记忆旅游潜力未能充分发挥。本章从文化记忆角度切入，深入剖析盐城红色旅游资源谱系和旅游发展中存在的问题以及形成原因，对红色记忆系统进行构建，深度开发盐城红色旅游资源，提升红色文化的传承力和影响力，保护民族优秀文化，追寻重温恢宏革命历史印记，弘扬铁军精神，推动盐城红色旅游的发展。

第一节　红色记忆旅游资源谱系

一、文化记忆框架下的红色旅游资源

当谈到记忆时，我们似乎往往把它视作一种原始、孤独的个人化经验，指向一个暧昧、繁复的领域，召唤着我们沉溺其中。记忆可以被视作一种对抗遗忘的方式，然而，当

① 李卫飞，方世敏，阎友兵，等．红色旅游传承红色记忆的理论逻辑与动态过程［J］．自然资源学报，2021，36（11）：2736-2747.

② 白凯，康晓媛，王博林．延安城市居民红色记忆的建构路径与代际差异［J］．自然资源学报，2021，36（7）：1631-1646.

③ 周林，过伟敏．基于中国城市化的红色艺术遗产管理与传承对策研究［J］．求索，2015（2）：71-75.

④ 龙柏林，潘丽文．文化整合的红色记忆维度［J］．南京社会科学，2018（4）：128-136.

⑤ 梁化奎．红色记忆在中央苏区的多层建构和集体共享［J］．甘肃社会科学，2017（3）：102-106.

个人记忆被嵌入集体、文化和历史的框架中，它又会被赋予全新的意义。法国社会学家哈布瓦赫提出了集体记忆的概念，认为集体记忆不是一个既定的概念，而是一种社会建构，泛指一个群体里或现代社会中人们所共享的、传承的以及一起建构的事或物。每一代人都从自己的角度记住历史事件，为纪念物的记忆编码，可能赋予新的含义和解释。社会群体记忆的代际传承是一个复杂的过程，不一定以线性方式演进，而是可以被扭曲、破坏和被重新发明。随着对地方文化保护和精神文明建设的重视，各个国家开始重视场所精神、社会记忆的保护和传承。1992 年联合国教科文组织启动了世界记忆工程，将世界范围内正在逐渐老化、损毁、消失的文献做了记录，通过国际合作和使用最佳技术手段进行文献的抢救，从而使人类的记忆更加完整。汪芳、孙瑞敏通过对纪录片《记住乡愁》进行内容分析，指出传统村落的集体记忆承载着村庄的文化传统与人们的乡愁情感，城市化进程的加快给很多记忆都带来了冲击，发展旅游在传统村落集体记忆的保存方面起了重要作用①。周玮等以南京夫子庙为例，在城市记忆的基础上对历史文化街区的保护与更新进行研究，认为“城市靠记忆而存”，城市历史的延续及自然的生长能够彰显城市文化特色，增强本地居民和外来游客对城市的地方感和文化认同感②。章锦河认为社会记忆的重建是旅游规划的中心，承载社会记忆的符号有物质性和非物质性形式，提出社会记忆表达空间的 5 种类型空间以及记忆重构的 5 个原则，并且落实到地方规划的实践中③。

红色记忆具有稳定的内容和意义储备，属于集体记忆范畴④，从社会文化语境中当下与过去之间的互动来看是一种特殊的文化记忆。当代人对纪念馆、纪念碑等纪念景观的理解可能与前几代人有许多差异。红色记忆作为文化记忆的一种，具体呈现为文化精神和文化符号，是地方的深厚沉淀，为地方文化和地方发展研究提供了新的视角和切入点。徐克帅引入符号系统和社会记忆建构过程理论，建立了红色旅游目的地记忆符号系统理论框架⑤。人们对战争、国家历史的兴趣与日俱增，但参与战争、革命斗争的历史环境与当今的环境有许多不同之处，纪念物可能是不活跃的，直到他们因新的需要或政治局势而恢复活力或发生了变化。红色文化符号的提取，首先要考虑的是红色文化的精神内涵，包括理想、信仰、思想、道德规范、价值观念体系和科学文化知识等，以及承载红色文化的灵魂与精华的物质载体。

二、红色记忆旅游资源分类谱系

旅游资源是指自然界和人类社会能对旅游者产生吸引力、可以为旅游业开发利用，并产生经济、社会和环境效益的各种事物和现象的总和。国内有关红色旅游资源开发和红色旅游发展的研究，多从资源利用、推动经济发展的视角开展，而红色旅游发展面临红色文

① 汪芳，孙瑞敏．传统村落的集体记忆研究——对纪录片《记住乡愁》进行内容分析为例［J］．地理研究，2015，34（12）：2368－2380.

② 周玮，黄震方．城市街巷空间居民的集体记忆研究——以南京夫子庙街区为例［J］．人文地理，2016，31（1）：42－49.

③ 章锦河．社会记忆与旅游规划的创意［J］．旅游学刊，2014，29（5）：12－13.

④ Fentress J，Wickham C. Social Memory［M］. Chicago：University of Chicago Press，1992：47.

⑤ 徐克帅．红色旅游和社会记忆［J］．旅游学刊，2016，31（3）：35－42.

化内涵挖掘不够、文化传承面临认同困境等问题的解决还有待深入探索①。目前在红色旅游研究中较多关注纪念馆、遗址遗迹的保护和开发，重视革命纪念地和纪念场所的服务和解说系统研究，对于如何系统传承红色记忆、弘扬爱国主义精神的关注不够，较少研究关注城市红色记忆系统及其旅游开发问题，不利于红色旅游资源的深度开发和全面保护②。

根据国家旅游资源分类标准，旅游资源可以划分为自然和人文旅游资源两大类，其中人文旅游资源有 8 个主类、31 个亚类、155 个基本类型，参照这一体系，以承载红色记忆符号的物质性和非物质性形式为依据，将红色记忆旅游资源分为物质性和非物质性红色记忆旅游资源。物质性红色记忆旅游资源分为遗址遗迹类、建筑与设施类、人文活动类、档案作品类；非物质性红色记忆旅游资源又分为人文情怀类和媒体宣传类。红色记忆旅游资源作为一种载体是帮助大众重拾红色革命记忆的重要因素，涉及两种不同的层面：一种是表层的，可以是物质存在所表现出来的；另外一种就是深层次的，这些都是潜在的通过社会活动所取得的。红色记忆旅游资源分类体系如表 8－1 所示。

表 8－1　红色记忆旅游资源物质性-非物质性分类体系

主类	亚类	基本类型
物质性	遗址遗迹类	历史事件发生地、军事遗址、革命旧址等
	建筑与设施类	陵区陵园、名人故居、革命纪念建筑等
	人文活动类	人物、事件、相关节庆活动等
	档案作品类	遗物、书信、照片等在革命历史过程中存留下来的实物
非物质性	人文情怀类	革命所带给大众的记忆、行为习惯等
	媒体宣传类	名人故事、影视剧、城市宣传片、教科书等

第二节　盐城红色文化旅游资源保护与开发调查

一、盐城新四军历史文化遗存保护与开发现状

关于什么是文化，费孝通先生指出，“作为一种深潜在中国人日常生活中的文化，早已积淀成人们司空见惯的生活方式了”③。梁漱溟认为文化“就是一个社会过日子的方法”④。从日常生活的角度来看，当红色文化融入当地民众的日常生活方式，成为生活常态时，容易出现“熟悉的陌生人”状况，即居民会因为日常生活的熟悉而从直观感性上“漠视”文化的存在。对新四军军部 10 年历程驻地地点和迁移大致路线调查表明，盐城新四军重建军部阶段的很多遗址已经完全消失了，目前相对而言保存较好的就是盐城的“新

① 马进甫，宋振美．简析红色旅游资源的特征及其开发策略［J］．北京第二外国语学院学报，2006（1）：111－114，78.

② 卢丽刚，卢静．赣东北红色旅游资源保护与开发的问题诊断及对策［J］．农业考古，2008（6）：161－163.

③ 杨文，小田．费孝通探究近代中国社会生活的理论视角［J］．中南民族大学学报（人文社会科学版），2021，41（6）：88－93.

④ 黄平．生活方式与消费文化：一个问题、一种思路［J］．江苏社会科学，2003（3）：51－56.

马泰”（新四军纪念馆、大铜马、泰山庙），其次就是阜宁县的停翅港新四军军部旧址纪念馆，中共中央华中局第一次扩大会议旧址、展览馆。作为当年的“盐阜区”，新四军历史遗存丰富，但大多数未能保留下来，有些遗址立了一些标志，有些遗址连标志都没有树立，如盐城市区里新四军成立大会旧址没有标识，除了党校旧址，军部驻地遗迹等则被湮没（表 8－2）。

表 8－2 新四军军部驻地迁移及保护开发状况

军部驻地	地理位置	驻留时间 （年．月．日）	保护开发现状
盐城军部驻地	盐城市区	1941.2.27 至 1941.7.10	保护开发较好
北左庄军部驻地	建湖县左家庄	1941.7.10 至 1941.7.21	未留下遗址
刘家舍军部驻地	建湖县高作镇	1941.7.21 至 1941.7.23	未留下遗址
任家桥军部驻地	建湖县任家桥	1941.7.23 至 1941.7.24	未留下遗址
袁家舍军部驻地	阜宁县陆沟乡	1941.7.24 至 1941.7.25	未留下遗址
永兴军部驻地	阜宁县永兴居委会	1941.7.25 至 1941.7.29	未留下遗址
硕集军部驻地	阜宁县硕集社区	1941.7.25 至 1941.7.29	未留下遗址
岔头军部驻地	陈集镇大刘村	1941.7.29	未留下遗址
小兴庄军部驻地	陈集镇小兴庄	1941.7.30	未留下遗址
北路马、三马路	芦蒲镇三马村	1941.7.30、8.4—8.19	未留下遗址
大高庄军部驻地	羊寨镇果林村	1941.7.31 至 1941.8.3	未留下遗址
张码头军部驻地	芦蒲镇双码村	1941.8.3	未留下遗址
周门军部驻地	芦蒲镇周门村	1941.8.4	未留下遗址
侉周庄军部驻地	板湖镇侉周村	1941.8.19 至 1941.11.10	未留下遗址
停翅港军部驻地	羊寨镇	1941.11.10 至 1942.1.4	保护开发较好
单家港村军部驻地	羊寨镇	1942.1.5 至 1942.3.20	开发较好

据调查，以前新四军在此驻地时住的大多是民房，很多遗址遗迹由于城市建设和更新而毁损了。当年建新四军纪念馆的目的主要是为了保护遗址、遗迹和资料，以及革命老同志寻访，近年来该馆被国家列入精品红色旅游线路，作为公益纪念馆，主要靠政府的扶持，现处于国家补贴的状态，红色资源的挖掘、文物修复与场景再现程序烦琐，并不是很容易，一直处于不温不火的状态。

二、红色记忆旅游资源调查与评价

通过文献资料梳理，对当地文史专家、纪念馆管理者等进行深度访谈，对盐城市各县的物质性和非物质性红色文化旅游资源的历史沿革、价值和保护开发现状做了梳理和汇总（表 8－3）。盐城市、大丰区和阜宁县都是新四军抗战时所停留时间较长的地区，红色旅游资源也较多。当年新四军军部驻地后，转到阜宁，盐城和阜宁并成为“盐阜地区”，据当地老百姓说：北有延安，南有盐阜，这种说法也是有原因的，因为当年新四军第三师在阜宁与阜宁人民一起抗战五年之久，而新四军军部驻盐城半年左右，随后又驻阜宁一年多，因此阜宁县境内的革命历史旧址大多数是新四军留下的，除了显性的、有形的红色文化旅游资源，还有很多隐性的、无形的红色文化旅游资源，也对传承和传播红色记忆有所作用。

表 8－3　盐城市各县红色文化旅游资源现状与评价

资源类型	地理位置	红色旅游资源单体	现状与价值
物质性	盐城亭湖区建军东路	新四军纪念馆	2014 年被列入国务院首批国家抗战纪念设施、遗址名录，是中国较全面、系统反映新四军抗战史的综合性纪念馆
	盐城市建军西路	泰山庙新四军重建军部旧址	全国重点文物保护单位。是皖南事变后，刘少奇、陈毅奉命重建新四军军部机关和中共中央华中局驻地
	盐城市建军中路	大铜马	盐城市级文物保护单位。象征新四军东进盐城，现为盐城市地标性建筑
	盐城市盐都区	潘黄烈士园	纪念在 1941 年和 1942 年反敌伪大扫荡中牺牲的新四军烈士
	盐城市解放北路	抗大五分校旧址	1940 年成立，曾为中国共产党培养了数千名抗日军政干部，如今环境荒凉，基本无人问津
	东台市台城东亭南路	黄逸峰故居	盐城市文物保护单位。故居于 1999 年由东台市人民政府修葺，周边兴建“逸峰园”
	建湖县庆丰镇	鲁艺纪念碑	省、市爱国主义教育基地。如今修复后的陵园纪念碑和陈列室面貌焕然一新
	东台市三仓镇	三仓烈士陵园	江苏省爱国主义教育基地、江苏省免费开放单位。陵园初步形成了“抗日烈士”和“粟裕将军”两大主题的系列建筑群
	大丰区白驹镇	八路军新四军白驹狮子口会师纪念碑	大丰区文物保护单位
	响水县南郊	响水县烈士陵园	响水县安葬烈士遗骸最集中处，“慰烈工程”投资地。纪念各个不同时期的革命烈士 700 余人
	阜宁县陈集镇	停翅港新四军军部旧址纪念馆	核心部分为仿照当年军部驻扎时茅屋形式复建的四合院
	响水县陈港镇	陈家烈士陵园	市爱国主义教育基地和重点文物保护单位
	盐城市大丰区	大丰烈士陵园	省重点烈士纪念设施保护单位，被民政部命名为“优质服务品牌”。园内绿化面积达到 80%以上，形成了陵园公园一体化
	滨海县正红村	颜正红故居	江苏省文物保护单位。故居为一座普通农舍，三间坐北朝南的泥墙草屋，为纪念烈士颜正红而建
	盐城市阜宁县	抗日战士纪念塔	江苏省文物保护单位，盐城市历史最悠久的烈士纪念碑。旨在纪念在盐阜区抗日根据地阵亡的新四军兵员和干部。先后在第三次国内革命战争时期和“文化大革命”期间遭到破坏，现已修复
	阜宁县羊寨镇单家港	中共中央华中局第一次扩大会议旧址	在此召开的华中局第一次扩大会议，对华中抗日根据地的巩固和发展、夺取华中抗日斗争的胜利具有重要意义

（续）

资源类型	地理位置	红色旅游资源单体	现状与价值
物质性	射阳县嫦娥路	中共中央华中工委纪念馆	国内唯一展示华中工委当年历史的纪念馆
	盐城市阜宁县	阜宁烈士陵园	现已实现陵园公园一体化，成为市民休闲健身的好去处、凭吊瞻仰烈士的重要场所、红色旅游的重要景点。建于1954年，主要介绍阜宁人民革命斗争史和1941年新四军在此驻扎后所创造的丰功伟绩
非物质性	盐城	画册	《盐城抗战影像记忆》《铁血铸魂：盐城抗战百名英烈传》
		话剧	《开明地主主动借粮》
		电视纪录片	《新四军1941》《战友朱子龙送的神奇照片成为一生的护身符》
		书籍	《新四军在盐城》《红色遗址》
		人物	陈毅、叶挺、刘少奇、陈涛、陈振东、杨芷江、张爱萍、曾山、洪学智、粟裕等
		故事	陈毅创办“湖海艺文社”
		电影	《柳堡的故事》

三、盐城红色旅游发展现状与问题

（一）全国和省内红色旅游景区关注度的比较

从全国来看，红色旅游经典景区中江苏省红色景区只占了6%，北京市的红色旅游景点最受欢迎，热度也较高；广东省、河北省也占了较高比重。江苏省内，南京市红色旅游系列景区排名靠前，热度也很高，新四军红色旅游系列景区的整体关注热度都不高（图8-1，表8-4）。

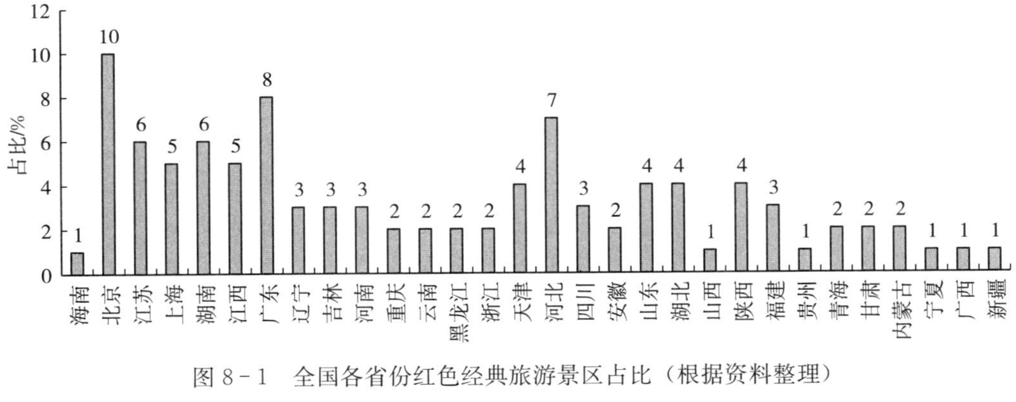

图8-1 全国各省份红色经典旅游景区占比（根据资料整理）

表 8-4　江苏省红色旅游景区排名及热度

排名	景区	热度
3	南京市中山陵	21 879
7	南京市红色旅游系列景区	10 410
18	淮安市红色旅游系列景区	2 602
42	江苏新四军红色旅游系列景区	1 066
61	宿迁市雪枫公园	547
83	徐州市淮海战役纪念馆	342

（二）红色旅游吸引力与记忆传播现状调查

采用深度访谈法，对 62 名来盐城旅游者、景区工作人员、管理者、地方文史专家和相关行政管理部门工作人员进行了深度访谈，代表性的观点见表 8-5。从游客表述和反应来看，盐城红色旅游景点总体上知名度不高。盐城地区游客熟悉的只是“新马泰”三大红色旅游点，对于其他县、镇旅游点不甚了解。作为革命老区的盐阜，红色氛围不突出。当地的老年居民，对相关战役和事件有所了解，但年轻人的认识停留在书本、影视剧，很多当地群众都不了解相关红色历史。“新马泰”景区接待对象主要是红色革命前辈的后代、单位组织红色教育活动，要么就是旅行社顺带的免费景点，很少有游客特地过来参观。如在 2018 年清明小长假与“五一”小长假期间，盐城市内各类景区，特别是赏花类的景区备受青睐，杨侍生态园和龙冈桃花园接待人次和门票收入都有所增长，大众对于一些赏花类的景区还是比较喜爱的，景区十分拥挤。同时，各重点景区也迎来游客高峰，黄海国家森林公园、丹顶鹤景区、中华麋鹿园、大纵湖旅游度假区等景区游客接待量都比同期增长很多。营销活动也助力市场升温，荷兰花海景区也举办了各种音乐节和音乐会等系列的旅游活动，精彩纷呈，形成了花海对人海的吸引效应。龙冈桃花节、大洋湾樱花节以及乡村旅游区所推出的垂钓、烧烤、草莓采摘节都吸引了大批的游客。然而作为全国 AAAA 级景区，新四军纪念馆接待人数却没有大幅增长，只有学校组织的一些纪念祖先先烈活动，很少有个人或者家庭参观游览新四军纪念馆。穿梭在大街小巷中没有体会到任何的革命气息，红色氛围不浓厚，主题的宣传片、宣传栏也并没有起到很好的作用。从业人员素质不一，千篇一律的工作状态使得景区的工作人员丧失了初期的工作热情，有的红色景区讲解员死记硬背解说词，泛泛而谈缺乏生命力，不能向大众充分展示红色文化内涵，让他们产生认同感，打心里敬仰革命先烈和传承优秀的革命精神。

表 8-5　游客代表性访谈表

访谈对象	问题	主要表述
游客	盐城红色旅游体验的评价	作为革命老区，特地过来参观游览盐城的红色旅游点，新四军是红军长征路上不可缺少的一支强大队伍。感触挺深，他们为中国革命做出了巨大贡献 寻找先人的革命足迹，切身体会革命成功的艰辛困难，红色文化、红色记忆作为宝贵的财富和精神遗产，值得我们尊敬和学习，应该更注重多元化途径让更多的人参与进来 展区整体做得还可以，但是交通不方便，同学介绍来玩的，设施不怎么完善 盐城给人最深的印象就是仙鹤湿地文化，没有关于红色方面的记忆，城市中感受不到新四军文化氛围 参观游览的人挺少的，只知道代表性的“新马泰”，新四军的影响力还是可以的，参观游览之后只能知道大概的事件，触动不深，没有多少印象
	对盐城红色旅游现状的看法	知名度不高，作为盐城本地人都不知道有红色旅游景区，宣传非常不到位，还有就是自身思想觉悟不高，对红色旅游不感兴趣 公司组织的爱国主义主题教育，很少来这里，没有像井冈山那样出名，红色氛围不浓厚 对红色旅游了解得比较多，盐城新四军是新四军文化里面比较有代表性的，走访了很多红色旅游点，感觉保护和开发还是存在一些问题 红色记忆建构方面并没有做到位，只能靠简单的参观讲解来了解更多的红色知识，没有多少参与性的活动，主题宣传活动不多 随旅游团顺带景点过来，感觉盐城政府并没有花多少物力财力在上面，周围的基础设施也没有太完善，更不用谈县镇的一些其他红色旅游资源了，应该加大开发力度和营销推广，让更多的人了解并且参与进来，在已有的红色记忆基础上不断构建新的红色旅游景点
景区工作人员	您认为盐城红色旅游现状如何	盐城新四军纪念馆在 2008 年、2009 年的时候参观人数突破了一百万人，由于国家大力开展红色爱国主义教育，目前盐城不少遗址遗迹已经被大拆大建，损失很多；由于当时新四军在盐阜区大多居住在农民家里，所以以至于现在很多遗址无从考证
	目前盐城红色旅游景点参观者大多来自哪里，出自何种原因	盐城红色旅游点接待的游客大部分来自江浙沪，上海、南京居多，这些都成了老同志回忆过往的地方，很多都是红二代寻访和单位组织的红色教育主题活动。盐城的红色旅游不仅仅是让老前辈缅怀过去，而更应该向年轻人推进，才能更好地弘扬爱国主义精神
	您觉得盐城红色旅游资源开发存在哪些问题	首先是交通问题，盐城各县红色旅游点之间没有完善的交通体系；其次是很多旅游资源被过度修复，以至于容易让参观游览的人误认为当年的党校条件很好，而除了一些旧址以外，很多的军部驻地都被湮没
地方文史专家	您认为红色记忆应该如何建构	红色旅游景区仅仅留下了遗址，但是不能靠自身的元素成本，单纯的讲解已经无法满足人们的需求，而更应该从多角度出发，深层次挖掘红色旅游资源的内涵，从而帮助群众重建红色记忆
	如何开发盐城红色旅游资源才能达到更好的效果	首先景区自身要结合自身的优势，完善旅游六要素“吃、住、行、游、购、娱”，硬件设施与软件服务相结合；其次就是充分利用隐性的红色旅游资源来吸引游客；最后政府部门地方领导要从地区发展角度出发，不能只为寻求安静的接待条件而一成不变

（续）

访谈对象	问题	主要表述
行政主管部门	盐城政府对盐城红色旅游做了哪些工作	作为当年的盐阜革命老区，红色旅游资源丰富，政府部门也十分重视，但是盐城市区里新四军成立大会的遗址连标志都没有树立，街道没有太多的红色标志物，宣传片里也是一带而过，不能给游客留下深刻的印象

（三）盐城红色旅游发展的现实困境

1. 红色旅游资源分布不集中，交通网络不完善

盐城红色旅游资源分布较分散，各县市都有新四军的足迹，不过县市之间的交通网络并不是太发达，以致一些红色旅游点参观游览的人更少。规模小、位置偏、规划不合理等因素都制约了旅游业的发展；纯粹的红色旅游资源间的联系也较少，吸引力不足，同时也缺乏竞争力，没有足够吸引人的地方，无法达到让人们与过去交流的桥梁与纽带作用。

2. 红色文化保护力度不足，资金难以保障

随着现代化进程的加快，新农村的建设，盐城红色旅游资源都在被不断毁损。社会大众对红色旅游资源的保护意识薄弱，有的拆迁单位只顾眼前的利益，而忽略革命先烈所保留下来的宝贵财富，原有的历史革命旧址都在慢慢地消失。大多数红色旅游景区都是靠政府支持与投入，除了基本工作人员开销外，只能保证每天的正常运转，一旦开展大型活动或者扩建场地等项目时，没有一定的资金支持。难以利用现有的红色旅游资源，形成很好的“吃、住、行、游、购、娱”产业链，提升自身的造血功能。

3. 旅游资源开发不合理，缺乏创新

目前市场上的红色旅游只停留在表层，主要还是国家与地区在精神上的宣传工具，并没有真正地让更多的群众介入。盐城市区以及县城很多新四军走过的地方未留下遗址，就目前存留下来的也未合理开发利用，缺乏创新，还是以传统的方式存在。这种现象就导致了游客与景区之间的陌生感与距离感，走马观花式的旅游只会造成没有留下任何印象的结果。

4. 专业人才队伍缺乏，素质不高

作为新兴产业，当前的红色旅游业进入门槛低，从业人员素质不一，良莠不齐，枯燥无味、千篇一律的工作状态使得景区的工作人员丧失了初期的工作热情，甚至有的红色导游员与讲解员所讲的解说词都是死记硬背的，泛泛而谈缺乏生命力，令游客只会觉得枯燥无味，既不能向大众充分地展示出红色文化内涵，也不能让他们产生认同感，更不能让他们打心里敬仰革命先烈和传承优秀的革命精神。

5. 知名度不高，宣传力度小

盐城市旅游业起步较晚，加上长期的交通不畅，都制约了旅游业的发展，红色旅游景点总体上知名度不高，与邻近的徐宿淮地区还存在一定的差距。而且目前的红色旅游活动大多是与政治学习有关，因此在文化程度、年龄、职业、区域构成等方面都有一定的局限。很多的红色旅游点连盐城本地的群众都不知道、不了解，更不用提其他地区的游客了。政府对红色旅游这方面缺乏宣传力度，没有充分发挥现代网络科技的作用，红色旅游点也未利用自身的优势向大众做好营销与推广工作。

第三节 红色记忆系统建构与开发

文化记忆是借助“文本系统、意象系统、仪式系统”等文化符号传承的，这些“文本系统、意象系统、仪式系统”就是记忆的媒介，文化记忆的内容只有借助媒介才能过渡和转换成文化层面的记忆，为个体所分享，并发挥其作用[①]。旅游目的地记忆符号系统由信息（空间、地方和各种物质、非物质形式）、指代对象（重大事件及其价值）、编码、媒介、发送者和接收者构成[②]。盐城是一座英雄城市，可是在积淀和传承铁军精神等红色记忆过程中，文化遗存保护缺失，城市中的革命气息不够、红色氛围不浓，只是建设纪念馆来保存遗迹遗物，却未将红色遗产活化，缺乏与游客的互动，红色记忆线索孤立、缺少联系，难以给游客留下印记。

一、红色记忆系统的建构

（一）深入挖掘红色旅游资源的文化内涵

发挥红色旅游红色记忆传承的载体作用，深入挖掘红色革命精神的时代价值，合理开发和保护红色旅游资源，提升旧址文化内涵。要在内容上下功夫、做文章，精心打磨，创建特色，充分利用各种符号打造红色亮点，用主题故事感染和教育群众。将革命历史故事编入教材和宣传手册，让青少年更好地走进来，了解过去、铭记过去。革命历史与自然景观、风土人情和民俗文化相结合，将盐城的湿地文化与红色旅游有机融合，从而让游客加深对红色文化的认识与理解。让红色教育走进中小学课堂，邀请革命老兵做一些讲座，给他们讲解当时真实发生的事迹，让中小学生与红色景点之间建立互动的长效机制，真正实现革命精神代代相传。

（二）红色旅游线路整合

红色记忆是关于一些历史重大事件的集体记忆，它只有通过建立的有效机制才能实现代际的沟通交流[③]。红色旅游不能只停留在遗址参观、简单的图片和物品展示阶段，内容单调使得大众对这些景点产生“游一当十”的心理，从而丧失兴趣。开发具有盐城特色的主题旅游产品，加快市区、县城与旅游点连接线道路的建设，增强景区的可进入性。随着动车线路的开通，可以向相关旅行社主推一日游、二日游经典红色盐阜之旅，同时也可以

---

① 阿斯曼．回忆空间：文化记忆的形式和变迁［M］．潘璐，译．北京：北京大学出版社，2016：12.

② 王蜜．文化记忆：兴起逻辑、基本维度和媒介制约［J］．国外理论动态，2016（6）：8-17.

③ 刘慧梅，姚源源．书写、场域与认同：我国近二十年文化记忆研究综述［J］．浙江大学学报（人文社会科学版），2018，48（4）：185-203.

与相邻的淮安、沙家浜合作做出有关红色旅游的线路产品。

（三）数字赋能红色旅游线上线下联动

科技化、信息化、数字化的大背景下，一方面在产品和服务上进行创新，同时需要创新宣传和体验方式，线上、线下联动赋能红色旅游体验和价值创新。在硬件上，加大科技在陈列展示上的力度，以舞台剧、VR视频等方式增强展示效果；在软件上，融合创新解说方式，编写有情感有温度的解说词，帮助游客更为深入地了解红色文化的内涵；同时完善各类展示厅、纪念馆等场所的线上资源，营造多元合力。此外，还可以鼓励创作以红色为主题的文学艺术作品，以游客易于接受的方式助力红色文化的保护和传承。

二、红色记忆保护与红色旅游发展的条件保障

红色记忆是关于一些历史重大事件的集体记忆，它只有通过建立的有效机制才能实现代际的沟通交流①。红色旅游是强化红色记忆的有效方式，通过红色旅游活动旨在加大红色资料征集，丰富革命史料，促进参观者将个体的生命与国家和民族命运紧密相连，通过激发他们基于社会现实的体验，塑造其对重大历史事件的社会记忆，从而构建游览者的社会认同，达到个体与社会的共赢。

（一）条件保障

经济社会快速变迁，很多红色遗迹被损毁，没有能够保留下来。在文化强国建设的推动下，进一步深入挖掘红色旅游资源，加大红色资料的征集，丰富革命史料，提升旧址文化内涵，在内容上下功夫、做文章，精心打磨，创建特色，打造红色亮点，用主题故事感染和教育群众，让来这里的人一见难忘，听到的、感受到的终身受益。红色旅游资源并不是单纯的实物，例如纪念馆、景区、旧址等，更重要的是发挥其载体的作用，将一些革命历史故事编入教材和宣传手册，让青少年更好地介入进来，了解过去，铭记过去。而我们现在所要做的就是，不管从自身还是政府的角度出发，保护是前提，在此基础上完善基础设施合理开发。

城市旅游发展与交通条件联系紧密，交通的便利性、通达性和可进入性都对盐城的红色旅游产生了影响。目前，除了市区一些红色旅游点可以公交直达，县城甚至乡镇里的一些红色旅游资源可进入性特别差，因此可以开发几条专门的红色旅游线路，车站可以直接供大众选择的，例如：缤纷盐城一日游（盐城市区、便仓等旅游点，结合盐城白色海盐文化）、滨阜响红色主题一日游（滨海、阜宁、响水红色旅游资源点）、多彩大丰东台两日游（绿色的湿地文化与红色主题相结合，让客人在缅怀先烈的同时也感受东方湿地之都带给他们的美感）。

---

① 奥斯曼．集体记忆与文化身份［M］//．陶东风，周宪．文化研究：第11辑．北京：社会科学文献出版社，2011：3-10．

（二）人员保障

红色旅游资源蕴含着丰富的历史文化内涵，因此应大力加强红色旅游专业人才队伍建设，因为他们并不是简单的对历史革命事迹、人文景观的复述者，不是所谓的“人肉背词器”，而是红色旅游精神、红色旅游价值的传播者，是代与代之间沟通交流的桥梁。全方位地提高红色旅游景区讲解员的综合素质，加大培训力度，聘请相关的旅游专家、教授做讲座，创新人才管理机制，评选优秀红色讲解员。讲好故事，加强故事的感染力，注重故事性的传达，好的故事就是一个好的旅游产品、好的旅游资源，充分利用这些机会做到正能量的带动作用。

（三）信息技术保障

红色旅游纪念馆、历史革命根据地可以利用一些现代技术手段，制作3D效果，复原过去的情景，设计一些环节，让游客能更好地参与进来，调动他们的积极性，让过去的历史重新“活”起来，增加他们的体验感和参与感，使他们置身当时的革命场景中，体验当时新四军浴血奋战的过程。这样才更能让大众产生心理共鸣，起到潜移默化的爱国主义宣传作用，帮助他们重新建构红色记忆，这些远比传统的红色教育更能让大众主动去记，愿意去记，从游客的体验角度出发，不断壮大传承红色文化的队伍。

（四）宣传保障

红色旅游首先要让大众有带入感，政府有一定的规划，抓好重点，制定不间断的、长久的发展计划。将红色旅游资源的保护与开发经费纳入政府的财政预算，不要在追求经济效益的同时忽略了红色精神的传承。各县区分别成立专门部门，定期举行宣讲活动，同时自身也要创造资本，自制其他产业链，例如参加表演、周边“吃、住、行、游、购、娱”基础配套服务等，不能一味地依靠外在的扶持。革命历史与自然景观、风土人情和民俗文化相结合，将盐城的湿地文化与红色旅游有机融合，从而让游客加深对红色文化的认识与理解。打造红色品牌之都，每一座城市所蕴含的红色主题都是有所区别的，盐城具有代表性的就是新四军革命精神。在街道建筑上印有N4A（新四军）标志的标志物，有专门的弘扬红色旅游的宣传片，各大宣传栏里摆放一些新四军革命事迹的书籍。

线上宣传可以通过盐城电视台做专门的红色旅游宣传片或者定期播放广告，在革命老区阜宁等地取景拍摄红色电影，在红色景区景点放映，还可以利用县镇宣传办在各乡村循环播放让群众更加了解先辈的浴血奋战事迹；盐城市网络宣传可以专门做一个关于盐城红色旅游的微信公众号平台，这样才能让更多的年轻人参与进来，前期做一些小礼品发放以积累粉丝，每天都宣讲一些关于盐城红色旅游的故事，与旅行社合作，完善公众号“吃、住、行、游、购、娱”各大要素，适时推出一些旅游线路。线下推广还可以通过邀请一些革命老兵做讲座，做一些展架、宣传册放在旅行社、超市等人群集中闹市区做宣传；邀请江苏军旅文工团在革命纪念日或小长假等重大节日期间来做红色传统教育专题文艺演出，做到线上与线下相结合，把盐城红色的精神继续发扬光大，引导下一代“不忘初心，继续前行”。

第九章 红色旅游景区形象定位与传播

在线评论是游客的反馈，反映了游客在旅行后对目的地感受的记录，呈现出更真实的目的地情况，也是旅游地形象的重要表征和呈现方式。随着现代网络和移动终端的普及，在线预约、评论、交流成为常态，产生了许多和旅游形象感知相关的数据，并且因为网络有匿名性的特征，游客在进行评论交流时容易表现真实的感情和态度。透过游客在线评论网络文本的分析，可以详细地了解游客动机、喜好、行为轨迹、满意度等，有助于更全面地了解游客对红色旅游景区形象的看法、意见或建议，对旅游景区发展有重要参考价值。

盐城新四军纪念馆现是“全国爱国主义教育示范基地”“全国百个红色旅游经典景区”“全国文化工作先进集体”，是江苏省五大纪念馆之一。新四军重建军部纪念塔位于盐城市建军中路，塔上雕像是一位英勇的战士面向太阳昂首向前，象征新四军开辟华中敌后抗日根据地的坚定信念和不屈的精神。像盐城新四军纪念馆这样的红色革命纪念地，在全国有较高的知名度和较大的影响力，是红色旅游的代表性景区。本章以盐城新四军纪念馆为案例地，采用 ROST Content Mining 6 软件分析游客的在线评论，根据数据分析盐城新四军纪念馆景区的旅游形象，希望能够给新时代红色景区红色文化的传播和教育功能的提高提供参考。

第一节 文献综述与研究框架

一、景区形象的概念与内涵

景区形象是旅游目的地形象更为细致化的一个形象。刘锋认为景区形象是指包括景区活动、景区产品以及景区服务在内的旅游产品在人们心目中形成的总体印象①。近年来，中国红色景区和游客数量呈逐年增加趋势，社会影响面逐年扩大的同时竞争也日趋激烈，红色旅游景区面临提质增效的压力，红色旅游景区的良好形象也是文化自信和国家形象的重要内容，形象塑造和品牌打造对于红色旅游景区而言越来越迫切②。杨兴山提出红色旅游在发展过程中不仅要重视经济效益也要关注社会效益和环境效益③。蔡慧表示红色旅游是一种文化旅游活动，她认为文化旅游活动的特点是政治教育内容的传统性、资源的整合性、明显的节庆性等④。根据旅游目的地形象的定义，红色旅游景区形象可以定义为旅游

---

① 刘锋．区域旅游形象设计研究——以宁夏回族自治区为例［J］．经济地理，1999（3）：97－101.

② 左冰．红色旅游与政党认同——基于井冈山景区的实证研究［J］．旅游学刊，2014，29（9）：60－72.

③ 杨兴山．基于红色文化视角的红色旅游价值研究［D］．青岛：中国海洋大学，2015.

④ 蔡慧．中国红色旅游可持续发展研究［D］．西安：西安工程大学，2013.

者去往景区之后对景区整体感知的印象，这个感知程度与每个人的年龄、生活阅历和学习经历有关，在了解相关信息后，旅游者可能做出相应的选择，也会给个人情感带来影响。

景区形象的分析体系有多种不同的观点。李蕾蕾对景区形象的传播受众进行研究，将景区形象划分为第一印象区、总体印象区、光环印象区和地标区四大区域①。程金龙等提出旅游景区形象是游客对于景区形成整体上的认知和情感归属②。张高军等表示景区形象是人们对景区自然环境和人文环境总结得出的一个总印象，景区形象的形成带动了人们对景区环境的认知③。王纯阳等从认知形象、情感形象和整体形象三方面对景区形象进行研究，证实情感形象是位于认知形象和整体形象之间的关键部分④。李茜等选择用开放式的问题研究游客对西安的旅游形象感知，结果表明历史文物古迹是西安旅游形象的关键要素⑤。吴宝清等对旅游景区形象进行评价，选择旅游吸引物、旅游设施、旅游服务、游客评价作为研究角度，这些角度直接影响了旅游景区形象在游客心中的感知程度⑥。李玺等认为旅游形象感知是游客对旅游地各类要素的整体形象感知以及情感形象评价的综合⑦。

二、研究方法与技术路线

（一）网络文本分析法

网络文本分析法是基于书面文字、口头语言等进行高频词汇分析、情感以及社会语义网络分析进行研究。刘亚斐则选择 ROST Content Mining 6 软件作为研究工具，以河南作为主要研究对象，深入开展基于网络文本的旅游目的地形象研究⑧。肖亮、赵黎明对台湾官方旅游网站、旅行社网站及两岸综合旅游网站进行分析，研究以自然生态、度假、乡村、文化、城市为支撑的台湾旅游形象主题，两岸相关旅游网站传播的台湾旅游目的地形象存在一定差异⑨。张高军等通过网络文本分析法对地质资源和文化底蕴两方面进行研究，帮助游客对华山产生更积极、更活跃的感知⑩。包丽娅等选取黄鹤楼景区作为实例，采用网络内容分析法，分析研究了游客感知的黄鹤楼景区的形象特征，同时找到目的地宣

---

① 李蕾蕾．旅游地形象的传播策略初探［J］．深圳大学学报（人文社会科学版），1999（4）：87-93.

② 程金龙，吴国清．旅游形象研究理论进展与前瞻［J］．地理与地理信息科学，2004（2）：73-77.

③ 张高军，吴晋峰．不同群体的目的地形象一致吗？——基于目的地形象群体比较研究综述［J］．旅游学刊，2016，31（8）：114-126.

④ 王纯阳，黄福才．基于 SEM 的旅游目的地竞争力影响因素研究——以张家界为例［J］．当代经济管理，2011，33（4）：63-71.

⑤ 李茜，王东红，李士娟．西安市旅游目的地形象感知测量研究［J］．西北大学学报（自然科学版），2013，43（5）：815-820.

⑥ 吴宝清，吴晋峰，周芳如，等．旅游目的地形象清晰度及测评方法——以西安为例［J］．浙江大学学报（理学版），2018，45（3）：379-390.

⑦ 李玺，叶升，王东．旅游目的地感知形象非结构化测量应用研究——以访澳商务游客形象感知特征为例［J］．旅游学刊，2011，26（12）：57-63.

⑧ 刘亚斐．基于网络文本的河南省旅游投射形象研究［J］．旅游纵览（下半月），2016（10）：157，159.

⑨ 肖亮，赵黎明．互联网传播的台湾旅游目的地形象——基于两岸相关网站的内容分析［J］．旅游学刊，2009，24（3）：75-81.

⑩ 张高军，李君轶，张柳．华山风景区旅游形象感知研究——基于游客网络日志的文本分析［J］．旅游科学，2011，25（4）：87-94.

传形象与游客感知形象的异同并探讨了原因①。网络文本挖掘和分析越来越成为探索和分析景区形象重要的信息来源和分析手段，但红色旅游景区的实证研究并不多见。本文采用网络文本分析法，使用ROST Content Mining 6软件，对搜集的网络文本内容进行筛选，通过对游客的评论进行认知形象分析、情感形象分析、整体形象分析，因此得出游客对盐城新四军纪念馆的形象感知，从而研究红色旅游景区旅游形象的独特性，并针对盐城新四军纪念馆景区形象现有的问题提出相关建议。

（二）研究技术路线

首先通过ROST Content Mining 6软件对整理后的网评文本进行处理，经过筛选并剔除掉没有价值的词汇，从中提取出高频词汇。从词性上看，高频词汇中包含名词、动词以及形容词。认知形象感知是根据高频词词性来分析。情感词能体现文本内容中的情感偏向，感性色彩很明显，是判断情感形象认知的重要依据。ROST Content Mining 6软件将情感词分为三类：积极情绪、中级情绪、消极情绪，如果旅游者对景区比较满意则词性偏向于积极；反之，如果旅游者对景区不是特别满意、好感度低甚至厌恶，则评价偏向于消极；如果没有明显的满意或者消极的感觉则为中级。通过明确的情感词来分析游客对景区的情感形象感知。整体形象感知是一种以点线格式表达对景区的整体认知的形式，用于描述物体的概念与状态之间的关系，由点和点之间的线组成，点表示概念，线表示它们之间的关系。通过ROST Content Mining 6软件分析出语义网络图，可以更直观地看出景区整体形象感知。

第二节　景区形象分析体系和框架

本文运用网络文本分析方法，为研究者提供了旅游形象提升等研究的新思路和理论方法。盐城新四军纪念馆红色旅游资源丰富，其传统经营理念表现较好。但是，随着中国经济的发展和人民生活质量的提高，我们需要优化和改善盐城新四军纪念馆的旅游产业结构。由于大数据时代的不断发展，现在景区的发展离不开网络的帮助。景区应注意如何利用好互联网技术和新媒体营销手段，提高盐城新四军纪念馆的发展水平。另外，基于盐城新四军纪念馆景区的在线评论以及游客的反馈，分析了游客的感知形象，并在此基础上找出盐城新四军纪念馆景区的缺点和不足，提出了如何优化盐城新四军纪念馆景区推广全面有效的旅游品牌的建议，从而丰富了旅游场所形象研究的理论框架。

一、网络文本数据的获取与处理

（一）数据选取

旅游者对景区的评论表达了旅游者对景区旅游形象的感知。随着网络技术的发展，研

① 包丽娅，冯钰玮，曹浠浠，等．基于网络文本的旅游目的地形象研究——以黄鹤楼为例［J］．绿色科技，2020（15）：194-198.

究者可以很轻松地获取旅游者发表在旅游网站的评论。由于飞猪网和途牛网两个网站没有关于盐城新四军纪念馆的相关评论，本文不做考虑，选取了大众认知度较高的携程旅行网、大众点评网、马蜂窝旅行网以及近几年来网友广泛使用的小红书等几个网站来搜集游客关于盐城新四军纪念馆的评论。另外，2020 年暴发的疫情严重影响了旅游市场的发展，为了保证数据的时效性及有效性，对数据的时间进行了筛选，最终选取 2015—2022 年的有效数据进行分析，将汇总的评论内容整理为 TXT 文本格式，经过对样本的过滤筛选和初步处理，最终获得评论 1 363 条，对此进行具体研究，以获得游客对盐城新四军纪念馆的形象感知。研究内容包括高频形象感知词汇，情感形象分析，语义网络分析。如图 9－1 所示。

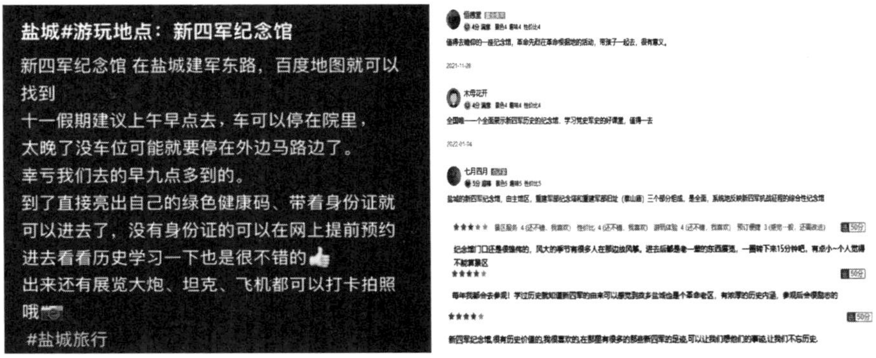
盐城#游玩地点：新四军纪念馆
新四军纪念馆 在盐城建军东路，百度地图就可以找到
十一假期建议上午早点去，车可以停在院里，
太晚了没车位可能就要停在外边马路边了。
幸亏我们去的早九点多到的。
到了直接亮出自己的绿色健康码、带着身份证就可以进去了，没有身份证的可以在网上提前预约
进去看看历史学习一下也是很不错的
出来还有展览大炮、坦克、飞机都可以打卡拍照哦
#盐城旅行

木母花开
全国唯一一个全面展示新四军历史的纪念馆，学习党史军史的好课堂，值得一去
2022-01-04
七月四月
盐城的新四军纪念馆，由主馆区，重建军部纪念馆和重建军部旧址（泰山庙）三个部分组成，是全面，系统地反映新四军抗战征程的综合性纪念馆
新四军纪念馆,很有历史价值的,我很喜欢的,在那里有很多的那些新四军的足迹,可以让我们想他们的事迹,让我们不忘历史.

图 9－1　数据采集样本示例

（二）数据处理

为了后续的网络文本分析能够顺利，应对筛选后的 1 363 条网络文本进行处理。首先，删除明显有较大错误、语句不通顺的评论，各类垃圾网络广告等非游客评论，大篇幅介绍景区的不能反映游客观点的评论以及各种与研究主题无关且影响文本分析的数据。其次，利用 Word 文档的查找替换功能合并同义词、近义词，将“盐都”“盐渎”替换成“盐城”；将“四军”替换成“新四军”等。最后，删除表情符号、英文符号以及数字符号等无法分析的字符。最终得到有效评论 1 331 条，24 517 字，并将之存为 TXT 文件，如图 9－2 所示。

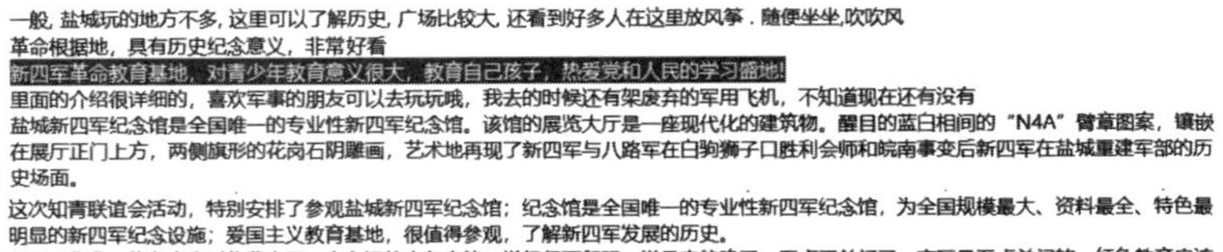
一般, 盐城玩的地方不多, 这里可以了解历史, 广场比较大, 还看到好多人在这里放风筝．随便坐坐,吹吹风
革命根据地，具有历史纪念意义，非常好看
新四军革命教育基地，对青少年教育意义很大，教育自己孩子，热爱党和人民的学习圣地!
里面的介绍很详细的，喜欢军事的朋友可以去玩玩哦，我去的时候还有架废弃的军用飞机，不知道现在还有没有
盐城新四军纪念馆是全国唯一的专业性新四军纪念馆。该馆的展览大厅是一座现代化的建筑物。醒目的蓝白相间的“N4A”臂章图案，镶嵌在展厅正门上方，两侧旗形的花岗石阴雕画，艺术地再现了新四军与八路军在白驹狮子口胜利会师和皖南事变后新四军在盐城重建军部的历史场面。
这次知青联谊会活动，特别安排了参观盐城新四军纪念馆；纪念馆是全国唯一的专业性新四军纪念馆，为全国规模最大、资料最全、特色最明显的新四军纪念设施；爱国主义教育基地，很值得参观，了解新四军发展的历史。
景区不收费，停车半小时收费十元。大老远从山东来的，觉得很不舒服，说是来的晚了，四点要关门了，实际是五点关门的。红色教育应该这样收费吗？质疑！！！

图 9－2　网络文本数据采集示意

二、盐城新四军纪念馆旅游形象分析与定位

（一）旅游者认知形象分析

分析通过 ROST Content Mining 6 软件提取到的前 100 个高频词（表 9－1），可以看

出“新四军”“纪念馆”“历史”“盐城”“教育”等词排在前面。从词性上来看，排名前100的高频词中形容词和名词居多，形容词表现了旅游者对旅游体验过程或旅游环境的感受，“历史”“教育”“值得”分别位居第3、第5、第6位，说明盐城新四军纪念馆景区给旅游者的体验感受非常不错；“意义”“纪念”“红色”等褒义词也出现较多，其中“纪念”一词表现了旅游者对景区带给他们的氛围值得肯定，当然也出现了一些中性词或贬义词，如“老区”“收费”等词汇，“老区”表明了景区的地理位置偏僻，旅游者认为出行不方便，“收费”一词出现的主要原因并不是景区要收费，而是景区的停车场收费不合理，游客因此产生不满情绪。名词表现为各个景点名称、服务设施的名称，表现出旅游者对盐城新四军纪念馆各旅游景点的认知形象感知，如“纪念馆”“基地”“广场”“文物”“展厅”等出现频率较高，说明旅游者对这些景点的印象较为深刻，而“雕像”“坦克”只有较少数的旅游者提及，说明旅游者很难对这些景点留下很深的印象；“来之不易”“庄严”“爱国”“精神”等高频词汇的出现也凸显了新四军纪念馆的独特，对那些满怀爱国主义情怀的旅游者具有特殊的吸引力。游客对新四军纪念馆不同方面产生的感受会在网络评价中体现出来，按细节分类来整理游客对景区各个方面不同的感知方向。根据游客关注的方向可以划分为旅游体验、景区景点、设施服务3个主类目（表9-2）。

表9-1　盐城新四军纪念馆网络文本分析排名前100的高频词汇

序号	词汇	频次	序号	词汇	频次	序号	词汇	频次	序号	词汇	频次	序号	词汇	频次
1	新四军	322	21	文化	30	41	时期	17	61	位于	12	81	馆区	10
2	纪念馆	194	22	广场	33	42	根据地	17	62	经典	12	82	胜利	10
3	历史	150	23	抗战	28	43	讲解	16	63	交通	12	83	放风	10
4	盐城	149	24	学习	28	44	丰富	16	64	过去	12	84	英雄	10
5	教育	134	25	旅游	26	45	缅怀	16	65	小时候	11	85	庄严	10
6	值得	103	26	先烈	26	46	幸福	16	66	战争	11	86	盐阜	10
7	革命	99	27	建军	25	47	人民	16	67	来之不易	11	87	旧址	10
8	地方	93	28	皖南	24	48	全面	15	68	先辈	11	88	陈毅	10
9	红色	76	29	值得	24	49	专业性	15	69	环境	11	89	史料	10
10	基地	72	30	感受	24	50	展厅	14	70	飞机	11	90	雕像	9
11	参观	65	31	中国	24	51	珍惜	14	71	当年	11	91	坦克	9
12	爱国主义	63	32	事变	24	52	展示	14	72	时间	11	92	历程	9
13	免费	62	33	发展	23	53	景区	13	73	特色	11	93	将军	9
14	意义	56	34	文物	23	54	设施	13	74	故事	11	94	朋友	9
15	纪念	53	35	老区	22	55	进去	13	75	市区	11	95	系统	9
16	全国	48	36	精神	21	56	盐城市	12	76	接受	10	96	年轻人	9
17	孩子	44	37	爱国	19	57	抗日	12	77	实物	10	97	博物馆	9
18	军部	37	38	展览	19	58	收费	12	78	烈士	10	98	讲解员	9
19	景点	36	39	唯一	18	59	规模	12	79	有意	10	99	敌后	9
20	重建	33	40	身份证	17	60	开放	12	80	臂章	10	100	战争	9

表 9-2 盐城新四军纪念馆认知形象高频词汇

主类目	次类目	高频词汇
旅游体验	景观感知	"教育""历史""革命"等
景区景点	旅游景区描述	"重建""广场""文物"等
设施服务	吸引物类型标识词	"专业性""全面""交通"等

旅游体验主要是由游客对景区游览后的景观感知得来，高频词汇中"教育""历史""革命"等词汇表达了游客对新四军纪念馆游览过后得出的一个整体感受，认为新四军纪念馆可以加强游客的爱国体验，革命体验，教育体验以及在整个旅游过程中，游客对景区景观的旅游体验。

在新四军纪念馆游玩的游客提及相关的景区景点主要集中在"广场""文物"以及对新四军纪念馆的"重建"很感兴趣，新四军纪念馆的广场上有一个展示新四军的雕像，雕像后有一个纪念碑，是新四军高级将领李先念的题字，在具体的评论内容中可知，广场上的雕像给游客留下了深刻印象。新四军纪念馆是全国馆藏新四军文物最全之地，游客通过文物带来的感受，激起了对历史的缅怀，认为是接受爱国教育的好地方。

在设施服务中对服务、交通、环境相关词汇进行分类，和服务相关的词汇有"专业性""全面"，不仅有景区展出的各种"专业性""全面"，还有景区讲解人员、景区提供的基础服务的"专业性"和"全面"也引起了游客的关注。交通方面，结合具体评论可知，许多游客基本上都是选择乘坐公交的方式，结合游客对"停车费"提及的频次较高，说明新四军纪念馆还是存在游客反映强烈的停车不便的问题。

（二）旅游者情感形象分析

使用 ROST Content Mining 6 软件对网络文本做出情感分析，情感态度是游客的直接感受，可以反映出游客对景区的直观印象（表 9-3）。

表 9-3 盐城新四军纪念馆网络文本感知情感分析统计

情感类型/%	强度	所占比例/%
积极情绪（75.00）	一般	31.25
	中度	25.00
	高度	18.75
中性情绪（12.50）	—	—
消极情绪（12.50）	一般	12.50
	中度	0.00
	高度	0.00

分析得出游客对于盐城新四军纪念馆的积极情绪高于消极情绪，积极情绪占

75.00%，游客的积极感知大多来源于景区的历史教育能力，对景区整体的关注度和期待度还是比较高的，对充满历史文化气息的景区有好感度。游客认为新四军纪念馆的爱国情怀可以激励孩子学习缅怀革命精神，绝大部分游客评价说：

“爱国主义教育基地，可以让我们更加全面地了解新四军的历史。”

“让人很舒服，这里是我的故乡，我是一个地道的盐城人。”

“值得去的地方，很好的城市，建设得很好，盐城威武。比较具有教育意义，带孩子去的，向孩子进行红色教育，学习课程以外的知识。”

“革命根据地，具有历史纪念意义，非常好看。”

“带孩子去参观盐阜区革命根据地，了解历史文化，孩子多少能感受到老一辈无产阶级革命家无私付出的意义。一点点地让孩子感受今天幸福的生活来之不易。”

“接受爱国主义教育的地方，建设得很不错，关键是不要门票。”

消极情绪占12.50%，主要来源于游客认为停车场收费不合理，景区广场卫生不合格以及景区关门太早，游客玩得不尽兴等，还有游客认为景区景点单调乏味，吸引不了游客兴趣，有游客评论说：

“景区不收费，停车半小时收费十元。大老远从山东来的，觉得很不舒服，说是来得晚了，四点要关门了，实际是五点关门的。红色教育应该这样收费吗？质疑!!!”

“关门时间太早，未尽兴，希望调整时间，最好设两个讲解员！谢谢!”

“里面以图片为主，实物少了一点，总的展览内容好像单薄了些，不能给人以深刻的印象。”

“办得不错，但停车不免费。”

“景点不咋的，没有什么好玩的，单调乏味，无聊得很。”

因此，只有及时发现问题，研究对策，才能保证红色景区的长远发展。综合旅游者旅游形象感知研究的积极情感和消极情感可以改善红色旅游景区的旅游形象，为红色旅游的发展提供重要的参考价值，为红色旅游形象的可持续发展、定位和营销提供依据。

（三）旅游者整体形象分析

整体形象感知是旅游者对景区总体的印象，是旅游者基于认知形象感知和情感形象感知形成的对景区总体的形象感知。高频词分析虽可反映新四军纪念馆的部分旅游特征，但难以探究更深层次的结构，社会语义网络结构图能够使词组之间的关系更加直观，反映词组之间的结构关系。通过 ROST Content Mining 6 软件得到盐城新四军纪念馆文本语义网络分析图（图 9－3）。

如图 9－3 所示，游客对于景区的整体感知最明显的为“新四军”“纪念馆”，以这两点为核心，新四军的历史是景区的突出特点，这也是景区的主要代表与象征，表示游客注重对新四军的了解以及参观后留下的感受，由此可以看出新四军在革命中的崇高地位；以“历史”“教育”“爱国主义”为边缘展开，主要表示围绕核心展开的景区印象，包括景区景点介绍、景区讲解、工作人员态度、服务环境、开展爱国主义教育、学习革命先辈的精神，说明游客比较关注景区设施建设、人员服务、情感体验等，也证明了新四军纪念馆在

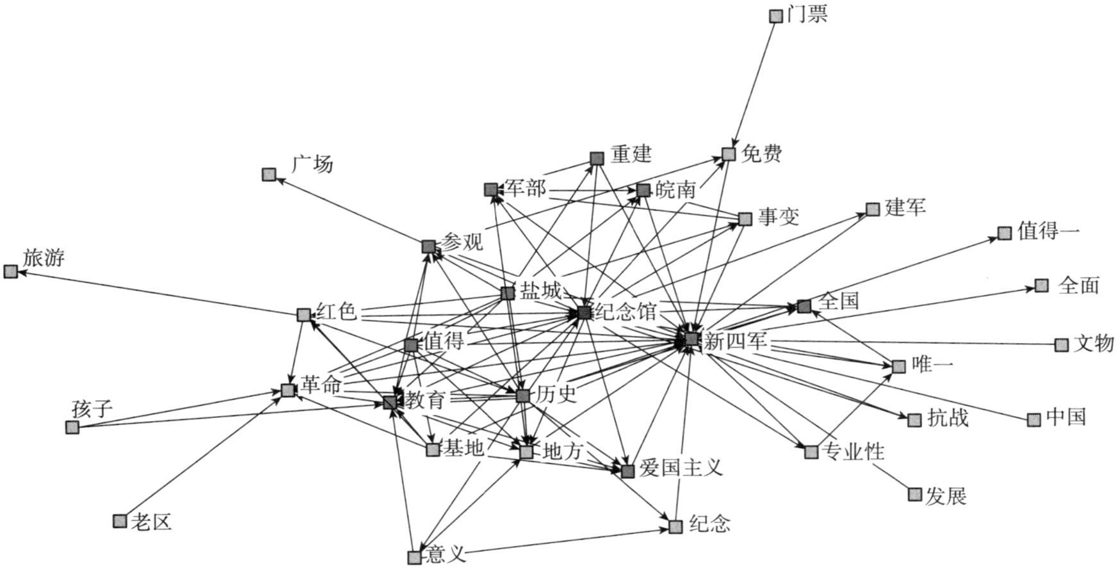

图 9－3　盐城新四军纪念馆文本语义网络分析图

游客心中的革命文化纪念价值。

综上所述，在研究过程中发现新四军纪念馆依旧存在不足，主要在于对游客的吸引力度不够，尤其是对年轻游客；景区基础服务设施还不完善，以及在旅游过程中提供的服务也不尽人意，不能提供个性化服务。另外，员工服务质量差，景区停车收费不合理等，也引发了景区运营管理问题。旅游项目单一、没有特色的问题会降低旅游者的体验度，影响旅游者的旅游心情。根据本章进行的研究分析，针对新四军纪念馆旅游形象问题，给出以下指导建议：景区要结合自身实际情况提升吸引力，提高游客重游率，完善景区旅游设施及服务，确保游客的游览条件，满足他们的游览需求。加强对景区的营销和推广，传播景区的积极形象。

三、旅游形象塑造与传播对策

据统计，盐城新四军纪念馆的游客基本来自盐城本地的市民，对周边城市如徐州、宿迁、苏州的游客影响较小，这些城市游客不会主动去了解盐城新四军纪念馆。原因主要有两个：第一，新四军纪念馆是红色旅游景区，很难给年轻人带来巨大的魅力，年轻人喜欢有趣、丰富的旅游项目和氛围，所以对革命氛围浓厚的红色历史景区不感兴趣；第二，新四军纪念馆宣传不足，这些城市居民完全不知道盐城新四军纪念馆的存在。实施免费门票后，新四军纪念馆年平均游客数达到 150 万人，与之前的 50 万人相比，虽然有所提高，但与一部分纪念馆相比，游客数量还是较少。盐城新四军纪念馆的基础设施还不完善。另外，以前新四军纪念馆旁边有一所中学，对学生有教育性的吸引力，但随着学校搬迁，失去了很多学生游客。根据调查，游客对新四军纪念馆的景区解说不够充分提出了意见。

（一）增强景区自身吸引力

景区本身就是一种旅游产品，如果产品质量不高，无论宣传力度多大也不能够吸引游客。所以有必要提高盐城新四军纪念馆的吸引力，只有这样才能吸引更多不同地区、不同年龄层次的游客并增加游客的黏性。新四军纪念馆应首先完善基础设施并提供一些个性化服务，提供与红色革命相关的音频资料的讲解服务等，这些小措施可以大大促进游客对景区的兴趣，从而提高他们的满意度。

（二）完善基础设施和旅游体系

盐城新四军纪念馆应进一步完善停车配套设施，继续推进厕所革命。基础设施应该由停车场、游客休息室和旅游信息中心来补充。在景区中增加旅游标志、休息区、安全设施、景观设计和投诉处理设施。新四军纪念馆应从革命传统教育基地转变为具有完善设施和制度的重要红色旅游景点。另外，完善红色旅游景区的旅游体系，提升红色旅游服务质量也能够有效影响景区形象的全面提升。

（三）加强景区营销推广

游客对新四军纪念馆景区的情感反应仍然是占据主导的，大多数游客会向亲朋好友推荐参观。虽然负面评论很少，但它们依旧会损害景区的形象，甚至影响潜在游客的消费决定。另外，根据游客在网上的评论和意见，及时发现游客对景区的投诉问题，了解其原因并提出解决方案，提供及时、有价值的服务，引起游客的兴趣，并通过游客的现实传播，来加强景区的正面形象。

四、结论与讨论

本章通过分析以盐城新四军纪念馆为研究对象的网络评论数据，运用网络分析法，对红色旅游景区的形象进行了研究。研究发现：游客在认知形象方面强烈感知盐城新四军纪念馆的历史教育意义，这构成了旅游认知形象的一个重要组成部分。同时，对纪念馆的自然和人文环境有很高的积极评价，对旅游设施和服务的管理有很好的感知，这主要是由于这些地方普遍存在精神文化旅游资源和游客的爱国主义精神。在情感形象方面，游客对新四军纪念馆的积极情感远远高于消极情感，而积极情感形象感知的主要内容是历史教育能力和文化旅游资源。消极情绪中认为提高服务质量对提升景区形象非常重要。整体形象上，通过语义网络分析发现，游客的主要感知是新四军纪念馆的红色文化和历史价值，游客对新四军纪念馆的服务也有较深的感知，游客对新四军纪念馆体验最差的是停车场、服务态度等。可见，景区服务问题成为制约游客体验感和满意度的主要阻碍。因此，根据景区存在的问题，本文提出了改善基础设施、加强景区营销推广、满足游客需求等方案。

红色革命遗迹、革命物件、革命事件等受到地方性制约及其本身不可移动性的制约，从而制约了公众对这些资源的了解。游客可以采用前往实地的方式，利用景区的语音讲解或者讲解员的亲自讲解来传播这个地方的故事以及传承的精神；对于革命烈士的事件与故事，可以通过新媒体传播，以革命人的口吻拍摄视频，制作微信动画以及微信推文等，生动形象地讲述革命时期的战争故事，如此更容易引起大家情感上的共鸣；可以发挥新媒体平台的优势，利用 VR、AR 手段，实现线上云参观，通过图文、视频等数字化的手段，突破时空的限制，将各种实体化的红色旅游资源转化成逼真的网络化、立体化资源，游客通过新媒体平台，就可以快速地了解到各种各样的红色文化资源。

第十章　红色纪念性空间叙事与认同建构

为纪念中国共产党历史上的重大事件或杰出人物，依托于革命遗址、事件发生地、纪念建筑而建立的革命历史博物馆、纪念广场、烈士陵园、纪念碑等，是具有独特思想、精神、情感意义的红色纪念性空间。纪念性空间不仅具有反映历史的纪念、教育和追思作用，还具备一定的旅游属性。纪念空间往往是红色旅游景区的核心吸引物和主题形象的空间载体，是重塑集体记忆、回忆往事、仪式性地悼念过去的重要场所。随着以中国共产党领导人民在革命战争时期和新中国建设时期建树丰功伟绩所形成的纪念地、标志物为载体，以其所承载的革命历史、革命事迹和革命精神为内涵开展的红色旅游的迅速发展，通过纪念性空间的旅游体验，建构和传承集体记忆，开展爱国主义和革命传统教育，夯实全民共同思想基础，强化政党认同和国家认同，已成为普遍模式。

学界对纪念性空间的研究主要集中在空间规划、景观设计和文化旅游领域，即对纪念性空间的布局、建筑形态、公共性、旅游吸引力、文化精神的相关研究，而从红色纪念性空间叙事、场所精神的表达和参与者体验的整合研究较少。红色文化的传承、红色记忆的建构需要挖掘和提炼出能表达红色记忆及其精神内涵的记忆符号，可以通过景观建筑、材料、造型、布展、仪式等元素来表达。纪念性空间作为红色文化的传承者和推广者，如何通过多重叙事路径和氛围营造，促进历史事件与现代语境新纽带的形成，发挥革命文化的教育、引导、激励功能，让参与者在历史与现实、群体与个体、榜样与自我的多重维度中交互体验、重塑思想，最终达成国家精神与认同的建构，是兼具时代价值与现实关照的议题，亟待深入研究与发掘。

雨花台烈士纪念馆是全面展示雨花英烈事迹的革命纪念馆，1988 年 7 月正式开放，是全国爱国主义教育示范基地、国家一级博物馆。纪念馆保存有在雨花台和南京牺牲的 127 位革命烈士的珍贵文物和历史资料，包括党的早期领导人邓中夏、恽代英，刘少奇的夫人何宝珍、由毛泽东引荐入党的毛福轩等。纪念馆展陈以中国共产党领导新民主主义革命的历史进程为主线，分为序厅、前厅、基本陈列厅、缅怀厅、家书厅、尾厅等主要空间，集中展出图片 522 张、文字板 92 块、文物 435 套共 879 件，以及一批油画、铜像、场景、视频等，并设 15 个驻足点供观众停留、追思，全面展示了以“崇高理想信念、高尚道德情操、为民牺牲的大无畏精神”为内涵的雨花英烈事迹与精神，生动诠释了中国共产党人的初心和使命。本章从空间叙事与认同视角剖析革命纪念馆空间价值与功能，探究纪念馆空间叙事路径与认同建构问题，为高质量弘扬雨花英烈精神，塑造南京红色文化品牌提供支撑。

一、空间叙事与认同

20世纪60年代，法国哲学家、语言学家罗兰·巴特（Roland Barthes）提出了一个论断：任何材料都适宜于叙事（narrative），除了文学作品以外，还包括绘画、电影、社会杂闻、会话，叙事承载物可以是口头或书面的有声语言、固定或活动的画面、手势，以及所有这些材料的有机混合①。华莱士·马丁（Wallace Martin）也曾指出：叙事其实是无处不在的，只要有故事的地方，就会有叙事②。20世纪80年代，叙事学开始呈现“认知论转向”与“跨学科趋势”，尤其是在法国哲学家列斐伏尔（Henri Lefebvre）“空间生产”理论影响下，叙事理论更为注重与空间关系的探讨③。“叙事”曾作为语言学概念与文学创作的一种重要表达方式，被广泛地运用至文化与社会学领域，对事件、记忆、符号以及行动主体的能动性关注，以及对人类活动与意义建构的深入分析，成为叙事研究的重要内容。

空间叙事是特定建制下对一个群体集体记忆展开的叙述，是特定共同体通过规制其间的展陈与活动进行历史与自我身份的叙事，叙事方式多样且具有较强的目的性。纪念性空间的叙事文本不仅是结构性的，更是建构性的，其语言、图像、景观、仪式等既是叙事的内容，又是叙事的手段，旨在引发观众与历史事件、英雄人物对话，形成自我思考与认知，树立正确的历史观、人生观与价值观。如通过建筑、艺术、文化等手段将历史和文化元素注入空间，帮助人们认同一种文化、历史和社会价值观，从而增强多个维度的认同感，包括对空间的认同、人物和场所精神认同、集体记忆认同与国家认同等多个层面。

“认同”一词最初源自心理学，是个体与他人、群体或模仿人物在感情上、心理上趋同的过程，即社会群体成员在认识和感情上的同化过程。社会学家埃米尔·涂尔干（Émile Durkheim）将认同定义为“一种集体意识”，是将一个共同体中不同的个人团结起来的内在凝聚力。社会认同理论认为，个体在社会互动中会寻求与他人建立联系，并将自己归属于某些社会群体。皮埃尔·布迪厄（Pierre Bourdieu）在《资本的形式》（1986）中，将资本分为三种形式：经济资本、文化资本和社会资本④。他将社会资本定义为“实际或潜在资源的总和，这些资源与拥有一个或多或少由相互认识和认可的制度化关系组成的持久网络”。社区成员的认可激励其他成员继续贡献，或加入这种努力，社会认同也可以被定义为一种社会资本。国家认同是一种社会认同，指主体对共同体的一种认同，具有国家意识、了解历史国情、认同国民身份，能自觉捍卫国家主权、尊严和利益，并促使其发展的理念，其基本内涵包括家国同构、共同体意识和仁爱之情等。在纪念馆空间中，游客通常会因为共同的历史和文化事件而形成共同的认同感。革命历史通过纪念馆空间叙事展现，向游客传递革命事件对于国家的重要性和意义，并通过建筑形式和艺术元素来增强游客们的情感共鸣，游客往往会因为共同的国家历史而产生强烈的身份认同感。历史事实

---

① 申丹，王丽亚．西方叙事学：经典与后经典［M］．北京：北京大学出版社，2010.

② 赫尔曼．新叙事学［M］．马海良，译．北京：北京大学出版社，2002.

③ Christian F. Henri Lefebvre's Theory of the Production of Space and the Critical Theory of Communication [J]. Communication Theory，2019，29（2）：129－150.

④ 张莹瑞，佐斌．社会认同理论及其发展［J］．心理科学进展，2006，14（3）：475－480.

及英雄事迹通过空间叙事再现产生了跨越时代的影响力，通过对具有规范性力量事件的参观、体验以及对英雄人物及其精神的缅怀，达成内生的、社会建构的认同。

二、红色纪念性空间叙事的趋势

作为一个大众回忆和纪念往事且具有思想、精神、情感意义的地方，纪念性空间是建构集体记忆的重要媒介。它的作用包括：在场的历史产生的情感震撼，由公共艺术的具象表达产生的情感镜像，由场景模拟和空间倒错产生的迷失与恐惧感。深刻的身心体验将历史记忆、文化记忆转化为参观主体的个人经历和个人记忆，从而将集体记忆推向深化与凝固。同时，来自共情体验的深刻经历，有助于集体记忆的代际传承与国际传播。

（一）叙事设计：从“封闭式”到“开放性”

传统的博物馆、纪念馆叙事往往以线性逻辑叙事为主，强调叙事主体的“上帝”视角和官方叙事来维护展览的知识权威。这种叙事设计由于过于强调“作为一种语言”的线性叙事结构和追求“稳定不变”的叙事时间性，忽略了叙事的空间维度，阻隔了观众与社会历史文化的情境性关联，叙事结构单一，信息封闭。当下纪念馆的空间叙事更强调多维立体和开放性。首先，叙述视角从全知叙述转向局内视角叙述，如以“第一人称”的方式结合时代背景来讲述他的个人经历和感受，拉近与观众的心理距离；强化观众的情境式体验，使文物在展览过程中与观众保持开放性对话。其次，纪念馆的整体布局消除了以往展陈空间与公共空间的功能性界限，改善特定展陈内容的可接近性，拓展观众的视点；与此同时，在开放性叙事空间中嵌入实景还原、视觉元素搭配及虚拟现实技术，营造沉浸式体验氛围，满足观众体验需求等。

（二）叙事形式：从单一媒介到跨媒介

空间叙事并不是一个封闭的系统，叙事空间在与参与者的互动演绎下会不断产生新的意义。对纪念馆而言，只考虑在场的局部叙事内容，而不考虑形式层面的传播机制，就无法把握空间叙事的整体性。可以说，当前纪念馆空间叙事的最大特征表现为观众作为叙事主体主动参与到叙事文本的生产过程中，使得以往由机构主导的单一媒介叙事走向跨媒介叙事以及价值共创①。特别是近年来数字信息技术和在线平台的普及，推动着纪念馆叙事载体的扩张，以数字化展览、社交媒体、文创知识产权等多种方式实现叙事机制革新，使观众角色从“服务消费者”转变为“内容生产者”“价值创造者”。对文本的意义解读经由多种媒介进行流转，形成阐释群体和互动网络，拓展故事世界的边界。首先，纪念馆通过自建新媒体矩阵发起话题讨论，主动制造对话性的网络空间，广泛引流并阐释共同体；其次，通过举办线上活动、征集反馈、在线宣传等拉近与参与者的心理距离，引导参与者进行二次创作；最后，线上资源与线下活动联动，与游戏、音乐、文学等产业横向联合，打造以品牌形象构建为核心的文化传播。

① Jenkins H. The aesthetics of transmedia：In response to David Bordwell［J］. Pop Junctions，2009（9）.

（三）叙事话语：从形象管理到场域治理

当前纪念馆空间叙事不仅是简单地对叙事客体形象进行表征和阐释，还将其转译为一套可被理解和掌握的话语系统，体现了纪念馆作为建构集体记忆，协调和建构人们价值观、信仰和思想的公共空间的重要性。红色纪念性空间的叙事文本不仅是结构性的，更是建构性的，其语言、图像、景观、仪式等既是叙事的内容，又是叙事的手段，避免单向、被动的叙事模式造成走形式与填鸭式观念灌输，积极引入多重叙事主体与多线索交织的互文性叙事，力图传递历史事件客观的、完整的信息，引发观众与历史事件、英雄人物对话，形成自我思考与自我反思的观展认知，使纪念空间成为孕育共情与历史对话的场域。

三、雨花台烈士纪念馆的多重叙事路径

海登·怀特（Hayden White）提出“历史故事”叙述的核心要素应包括“核心主题”“明确标出起点、中途与结尾”“情节的突然转变”“一个可辨识的叙述声音”“连贯性”“结局”以及“道德化现实的倾向”。雨花台烈士纪念馆的空间叙事主体多元、方式多样、结构清晰，让参观者在空间中流淌，通过图片、雕像、文字和音频，深入了解了雨花英烈们的生平事迹和革命精神。雨花台烈士纪念馆既是缅怀先烈、致敬英雄的纪念场所，也是革命文化遗产体验的空间，是人们了解南京地区抗日战争和解放战争的历史，感受革命先烈的伟大精神、重温革命传统的场所，通过讲述烈士为争取民族独立和人民幸福而献身的故事，教育人们要珍惜今天来之不易的和平与幸福，以及对新时代和未来的展望。

（一）官方叙事与民间叙事相结合

官方叙事是一种重要的信息传播方式，它可以为机构塑造品牌形象和公共认知提供重要支持，遵循真实、准确、规范的原则，以保证信息的可信度和公信力。在文字与印刷传播的时代，官方叙事更具媒体叙事的优势。雨花台烈士纪念馆的展览叙事使用了大量纸质媒体叙事资料，如报纸期刊、著作、宣言公报、布告通告等。如：恽代英主编的《中国青年》创刊号和发表的文章，恽代英在《民国日报》上发表的文章《中国的五一节》，恽代英主编的中共中央机关刊物《红旗》和发表的文章，恽代英主编的《革命生活》专发的《讨蒋特刊》，何宝珍在《东方杂志》上发表的文章《向左转的德意志国会选举》，文化震在《中国青年》杂志上发表的文章《南京之反动势力》，《申报》对上海工人代表大会的报道，顾衡创办的《现代中学生》杂志的第一卷第一期，石瑛在《人民日报》上发表的《三访雨花台》，陈志正发表在《新民》杂志上的两篇译文《历史的人口法则论》《抽象的人口法则论》，《青年军人》创刊号，邓演达创办的《革命行动》的创刊号，《晨报》刊载的邓演达的辞职宣言，《大公报》刊登的日照暴动的消息，《大公报》报道的文章，孙晓梅在绍兴抗日刊物《战旗》上发表文章《繁昌战斗中的妇女们》等，邓中夏论述省港大罢工的著作《省港罢工概观》《拥护省港罢工》，恽代英发表的文章《新无神论》《怀疑论》《义务论》，恽代英翻译并出版的《阶级斗争》，恽代英编写的黄埔军校教材《政治学概论》《中国民族革命运动史》，恽代英在黄埔军校期间撰写的文章《军队中政治工作的方法》等。

相对于革命历史官方叙事的宏大叙事视角，民间叙事通常更加关注人性化和情感化的表达，是一种更具体的、亲身经历的生动描写，也更具有鲜明的传统文化特色和地方特色。民间叙事材料是与烈士有关的生活器物、办公用品、书函信件等具有私有性质的记录材料，如金佛庄陆军军官学校毕业证书，吴光田东南大学读书时的学籍表，陈原道在校读书时使用过的名片，张应春在第三届全国运动会上获得的银质奖章，文化震在东南大学的学籍表和成绩单，陈君起的毕业证书，钟天樾东南大学的学籍表和成绩单，宜兴起义时的臂章，黄瑞生参加安徽六安农会的会员证，顾衡在第四中山大学的学籍表和成绩单，齐国庆的安徽省第六中学毕业证书和东南大学的入学登记表，石璞投考金陵大学的履历表，郭凤韶的毕业证书，文绍珍在黄埔军校的毕业证章，载有胡秉铎名字的黄埔军校第二期登记表，周不论的中央军事政治学校毕业证书，蓝文胜的毕业证书，邓演达前往欧洲各国考察时的护照，焦恭士少年时在学校参加演讲比赛获得的银盾，卢志英组织抗日游击队时使用的臂章，成贻宾的中央大学学生证、校徽、学籍表和成绩单，程履绎考入中央大学时的学籍表等；再比如何宝珍在狱中用竹筷磨制的缝衣针，郭纲琳在狱中用铜元磨制的铜心、铜鸡心，李丰平纪念郭纲琳的雨花石，姚佐唐在京汉铁路工作时使用的铁锤，丁行结婚时购买的德产照相机和三脚架，丁行在狱中磨制的笔架和为妻子篆刻的图章，赵良璋在狱中使用的钢笔，冯玉祥赠给谢庆云的象牙筷子，卢志英使用的怀表。这些与生活相关的资料极大丰富了纪念馆的叙事结构，避免了仅使用官方叙事而造成的单一性、扁平化视角的缺陷。

（二）景观叙事与场景叙事

从纪念馆传统意义上的叙事方式来看，侧重收藏与展示的是物质遗产，多以经典的历史物证所表征的社会事件以及在此基础上串联起的历史逻辑进行一种“宏大叙事”，因此，对“集体意志”与“逻辑正确”的强调成为此种叙事的显著特征。简·赛特斯怀特（Jan Satterthwaite）在1904年结合项目研究时发现：通过讲故事的方式来进行景观设计，可以再现场地历史、唤起人们对相关事物的记忆。这种将记忆信息视为景观故事进而作为设计线索的方法一直影响到20世纪七八十年代。景观叙事主要是依托社区口述史、历史事件或神话传说等叙事文本，通过命名（naming）、序列（sequencing）、提示（revealing）、集聚（gathering）等多种叙事策略，形成让景观讲述历史故事、唤醒集体记忆的方式①。红色文化主题的外显化，要尤其注意景观、建筑设计中红色文化的融入，在设施细节上的文化体现。例如，雨花台烈士纪念碑前的长明灯造型取自雨花台烈士纪念馆馆徽，名叫“日月同辉”，中心圆球代表太阳，四周凹凸的线条构成了月亮的图形。“日月同辉”寓意烈士精神与河山共存、与日月同辉。用圣火火种点燃雨花台烈士纪念碑长明灯，一方面寓意雨花英烈尤其是这些无名英雄，他们的死重于泰山；另一方面还寓意“国泰民安”。用圣火点燃长明灯，在全国也是独一无二的。长明灯前刻着“我们和我们的子孙会常来这里”，以表达对先烈永远的缅怀之情。景观叙事让纪念性空间具有一种教化与规训的力量，纪念馆建筑景观不仅是建筑文化的结晶与写照，更因其与时代、社会、经济、文化乃至工

① 陆邵明．浅议景观叙事的内涵、理论与价值［J］．南京艺术学院学报，2018（3）：59－67，209.

程技术之间的互动关系，成为社会巨变的见证物和载体以及世代理性思考的象征物，对于场所精神和文化的认知体验、认同建构与传播、传承具有积极的意义（图 10－1，图 10－2）。

图 10－1　雨花台烈士纪念馆①

图 10－2　倒影池②

场景叙事是通过场景的营造和展示来讲述故事和传递信息的一种方式。纪念性空间体验场景的营造也是非常重要的一环，通过沉浸式体验，使参与者有更强的代入感和体验

①② 刘梦雪．红色地标雨花英烈精神永垂不朽［EB/OL］．［2021－07－08］．http：//www.yangtse.com/zncontent/1457948.html.

感。例如，雨花台烈士纪念馆序厅的设计突出强调“信仰的力量”5个大字，通过聚焦、色彩、对比和光影元素突出主题，营造独特的焦点场景，让游客更好地聚焦历史背景和人物故事。基本陈列以毛泽东《七律·人民解放军占领南京》收尾，突出的字体让红色梦想的胜利曙光闪耀在字里行间。除了静态的陈列方式，还充分利用了视觉、听觉、触觉等感知体验与数字虚拟媒体之间的交互，通过增加互动性、数字化、媒体融合展示，化解观众对历史事件的疏离感，展厅内的数字影像、虚拟场景复原等沉浸式体验设施弥补了馆藏文物、纸质资料静态展示的不足，更好地呈现了革命先烈的事迹和精神，通过一系列场景叙事，营造出浓郁的红色文化氛围。

（三）实体空间与数字叙事

2020年，文化和旅游部发布《关于推动数字文化产业高质量发展的意见》，指出要“以数字化推动文化和旅游融合发展，实现更广范围、更深层次、更高水平融合”。随着5G技术的推广，移动网络宽带显著提升，短视频因其丰富的呈现形式和感官体验，在红色文化传播和叙事设计中发挥着重要作用，成为红色旅游景区服务创新的重要媒介。单一的实物展陈和现场交流媒介不再独享支配地位，纪念馆叙事空间由实体转向混合现实，图画、声音、影像、超文本等传播介质的重要性与日俱增。

金姆·赖斯（Kym Rice）认为，纪念馆、博物馆的“数字叙事”（digital storytelling）是探讨叙事的空间、互动和中间过渡方面的新机会①，更能激发观众探索叙事的创造性潜力，从而建构起令人满意的叙事体验。在数字化语境下，纪念馆更应从数字化内容、视觉艺术、网络交流等方面予以多元的叙事重构与创新，并以新媒介为载体，拓展纪念馆在新时代的展览与传播方式。特别是通过线上线下互动，不断引入和更新的内容，如微视频、话剧展演、线上展览等。纪念馆一方面将历史影像以辅助点播的方式穿插在多个板块，作为文本叙事的佐证；另一方面还以话剧、微电影、红色歌曲为载体，让观众对当时的社会语境与历史语境有直观的了解，形成自己的判断。从传播意义上来看，影视叙事有利于纪念馆讲好红色故事，提升受众的爱国主义精神和国家认同感。

（四）仪式与行为叙事

塑造具有共识的历史记忆并固化为国家记忆是国家建构以及对抗历史虚无主义的重要环节②。纪念仪式和体化实践是维持和传承记忆的具体外在形式，尤其是通过亲身在场的体化实践参与具体活动获取和传达信息，是记忆从个体向群体转换和从群体向个体嵌入的关键环节，也是纪念馆作为行动者嵌入人们的日常生活中，并通过主体实践来联结物与物、人与物、身与心的重要路径。

1. 祭扫仪式与教育主题叙事

让革命事件彰显育人功能是纪念馆叙事的重要目标。与革命纪念馆展陈、景观、数字

① 詹钰琪，余胜钊．后疫情时代变革中的博物馆数字叙事［J］．时代报告，2021（11）：82-83.

② 张侃．红色文化、国家记忆与现代国家建构的宏观思考——一个政治哲学的维度［J］．福建论坛（人文社会科学版），2017（7）：31-37.

叙事相辅相成的，是一系列吸引人、感召人、教育人的仪式活动和动态行为叙事，吸引广大群众积极参与，身体力行地自觉传承中国抗战所蕴含的革命精神与道德情操。纪念馆教育活动通常有两种范式："教导式"重视理性分析，强调客观性与可归纳性，往往通过展览叙事达成；"表演式"则注重受教者的感官体验，强调个别性、主观性与独特性，通过参与式的主题活动达成。在烈士纪念日、清明节时，纪念馆组织的祭扫仪式更为完整与正式，学校、企事业单位、社会人员等在纪念馆序厅向先烈行礼和敬献鲜花，或通过观展、献花、念誓词等环节，或通过互动仪式与活动，有效引导青少年将崇尚英雄的行为内化为学习的动力，以实际行动回报国家与社会。这些情景化、交互式的主题活动活化了刻板的历史记忆与说教，以更贴近现代文化语境的方式鼓励年轻群体争做爱国主义的践行者、传播者，自觉传承红色文化，从而为增进民族凝聚力与国家认同感发挥效用（图 10－3）。

图 10－3　向雨花台革命烈士纪念碑敬献花圈①

2. 红色文化的旅游叙事

红色旅游是一种具有中国特色的文化旅游形式。除了传统的观光游览，应该进一步探索多种形式的红色文化传承和创新，为居民和游客提供休闲游憩、教育学习和传承历史文化的机会，并适应不同群体的需求。例如比较受欢迎的红色研学旅行，针对大中小学生群体，强调"游中学、学中游"，通过体系化的活动设计，如以历史革命为主题的情景演出、给烈士献花、演唱革命歌曲、讲革命故事、听取历史讲座等活动②，开展体验式、探究式的学习活动，让学生在实景课堂中，深入了解了革命历史，增长了革命知识，通过"寓教于游"达成爱国主义教育的"润心无声"。红色纪念性空间应在讲好英雄故事，传播"中国价值、中国精神与中国力量"的道路上继续前行，更好地为新时代中国特色社会主义文化建设助力。

---

① 何媛华，刘志亮．雨花英烈精神：书写信仰与忠诚的优秀答卷［J］．党史交汇，2012（1）：18－22.

② 王菊梅．依托红色文化资源优势打造革命纪念馆党性教育品牌——以嘉兴南湖革命纪念馆为例［J］．红色文化资源研究，2019，5（1），177－182.

四、结论与讨论

红色纪念性空间叙事是对空间叙事框架下新的方法论和认识论的运用，强调的是“可感知的历史”这一类人的群体属性。雨花台烈士陵园以多重叙事主体交织的视角，如官方叙事与民间叙事相结合，更为全景、立体地展示雨花英烈的生活世界、革命经历和精神世界；以建筑景观与情境叙事展开故事性的描述，增强叙事的感染力以使观众产生共情；混合实体空间和虚拟空间，拓展叙事和体验的空间；融入活态的仪式行为与研学旅行等叙事，完成爱国主义精神的传承与国家认同的建构。通过多重维度与聚焦的叙事路径，雨花烈士纪念性空间有效促成了公众对雨花英烈精神的认知与国家认同建构，其叙事模式与策略可为其他类似纪念地提供参考与借鉴。通过讲好红色故事，促进了历史事件与现代语境新纽带的形成，最终达成国家精神与认同的建构。

附录 A

难忘的红色旅游体验及其影响机制的调查

您好，我们是南京晓庄学院旅游管理专业的学生，本次问卷仅供学术研究之用，请您放心作答。感谢您的参与。

一、您来雨花台风景区的原因，请在相应“□”内打“√”。

	非常不赞同←→非常赞同 1	2	3	4	5
1. 因为媒体资讯（网络、报纸、电视等）的报道	□	□	□	□	□
2. 因为雨花台风景区很出名	□	□	□	□	□
3. 别人都去，所以我就去	□	□	□	□	□
4. 雨花台风景区免门票	□	□	□	□	□
5. 雨花台风景区干净又舒适	□	□	□	□	□
6. 雨花台地理位置好、交通便利	□	□	□	□	□
7. 雨花台风景区有丰富有趣的活动项目	□	□	□	□	□
8. 想到重大革命事件发生地参观	□	□	□	□	□
9. 想来这里了解革命烈士的事迹	□	□	□	□	□
10. 想增加对革命历史的了解	□	□	□	□	□
11. 希望学习革命者的坚强意志与不屈精神	□	□	□	□	□
12. 缅怀先烈，不忘历史	□	□	□	□	□
13. 作为一个中国人有义务参观这里	□	□	□	□	□
14. 为了和亲友度过有意义的一天	□	□	□	□	□
15. 来这游览帮助我缓解压力	□	□	□	□	□
16. 将雨花台作为教育下一代的实际案例	□	□	□	□	□

二、关于您的旅游体验：请根据您的感受在“□”内打“√”。

	非常不赞同←→非常赞同 1	2	3	4	5
1. 来到这儿，感到身心放松	□	□	□	□	□
2. 来到这儿，享受到与家人、朋友在一起的快乐	□	□	□	□	□
3. 纪念碑、烈士群雕像等的设计很有艺术感	□	□	□	□	□
4. 纪念馆收藏的史料很丰富	□	□	□	□	□
5. 景区的游憩与展示设施使我能沉淀心绪	□	□	□	□	□
6. 景区的导览服务方便我了解景点信息	□	□	□	□	□
7. 来到这儿，被烈士事迹感动	□	□	□	□	□
8. 来到这儿，对革命烈士遭受的折磨感到吃惊	□	□	□	□	□
9. 来到这儿，被历史事实震撼	□	□	□	□	□
10. 为国家和人民曾经经历的苦难感到难过	□	□	□	□	□
11. 来到这儿，感受到革命者精神的崇高	□	□	□	□	□
12. 来到这儿，让我感觉肩负振兴国家的责任	□	□	□	□	□
13. 如果有机会，我愿意再来此参观	□	□	□	□	□

三、关于旅游收获的相关问题：请根据您的感受在“□”内打“√”。

	非常不赞同←→非常赞同 1	2	3	4	5
1. 此次参观，让我对革命历史事件有了深刻的理解	□	□	□	□	□
2. 来此参观，让我与亲友同游，共享一段美好回忆	□	□	□	□	□
3. 来此参观，得到精神的洗礼	□	□	□	□	□
4. 景区内营造的气氛使我能积极面对逆境挫折	□	□	□	□	□
5. 此次参观，让我更加珍惜现有生活	□	□	□	□	□
6. 此次参观后我很感恩能生活在一个和平年代	□	□	□	□	□
7. 来此参观，让我觉得有完成使命感（身为一个中国人有必要来悼念一下遇难者）	□	□	□	□	□

四、关于您参观后的记忆和回忆，请根据您的实际情况在相应的“□”内打“√”。

	非常不赞同←→非常赞同 1	2	3	4	5
1. 我能记得参观雨花台的过程	□	□	□	□	□
2. 我能回忆起在雨花台参与的活动	□	□	□	□	□
3. 我能回想起参观雨花台时我的情绪感受	□	□	□	□	□
4. 我能回想起在雨花台中看到的主要景点	□	□	□	□	□
5. 我能回想起有关的烈士事迹	□	□	□	□	□

五、基本信息

1. 您的性别：
   A. 男　　B. 女
2. 您的年龄：
   A. 少年（7 ～17 岁）　　B. 青年（____学生，已工作）
   C. 中年（41～ 65 岁）　　D. 老年（65 岁以上）
3. 您的政治面貌：
   A. 少先队员　　B. 团员
   C. 党员　　D. 群众
4. 您的受教育程度：
   A. 初中及以下　　B. 高中或中专或职高
   C. 大学本科或专科　　D. 硕士及以上
5. 您的职业：
   A. 学生　　B. 事业单位或国家公务员
   C. 军人　　D. 企业工作人员
   E. 农民　　F. 离退休人员
   G. 其他
6. 您目前居住在：
   A. 江苏省____市　　B. 省外____省
   C. 其他____
7. 近一年，您去过与雨花台风景区类似的红色旅游地有____：
   A. 1 次　　B. 2 次
   C. 3～4 次　　D. 5 次或以上

附录 B

红色旅游者情绪唤起与情感共鸣机制研究的调查

您好！我是一名来自南京晓庄学院的学生，正在对南京市雨花台风景区进行相关研究调查，该问卷旨在了解您对于雨花台风景区的一些情感态度与体验。感谢您在百忙之中抽出时间完成此次问卷填写。本次调研结果仅用于学术研究，不用于任何商业用途，所有问题均为匿名回答，我们将对结果严格保密，再次感谢您的参与和支持！

第一部分：外部因素方面

1. 雨花台风景区的建筑设施与周边的自然生态十分和谐融洽

○非常不同意　○不同意　○不一定　○同意　○非常同意

2. 雨花台风景区在空间设计上营造了一种庄严肃穆的氛围

○非常不同意　○不同意　○不一定　○同意　○非常同意

3. 雨花台风景区的空间设计还原了历史，让我置身于过去的岁月中

○非常不同意　○不同意　○不一定　○同意　○非常同意

4. 景区主体景观的氛围营造贴合红色文化，易于激发我的情感

○非常不同意　○不同意　○不一定　○同意　○非常同意

5. 景区灯光效果、背景音乐的氛围营造让人身临其境，易于激发我的情感

○非常不同意　○不同意　○不一定　○同意　○非常同意

6. 景区特色服务的氛围营造互动感十足，易于激发我的情感

○非常不同意　○不同意　○不一定　○同意　○非常同意

7. 景区的各类导览指示都鲜明、详尽，具有真实性和可靠性

○非常不同意　○不同意　○不一定　○同意　○非常同意

8. 景区的各类讲解词与展陈相契合，丰富了我的知识储备

○非常不同意　○不同意　○不一定　○同意　○非常同意

9. 景区讲解服务人员的讲解极具感染力，使我产生共鸣

○非常不同意 ○不同意 ○不一定

○同意 ○非常同意

10. 我愿意参加景区举办的仪式活动（哀悼、祭祀等）

○非常不同意 ○不同意 ○不一定

○同意 ○非常同意

11. 景区的仪式活动内容贴近历史、丰富多样

○非常不同意 ○不同意 ○不一定

○同意 ○非常同意

12. 景区的仪式活动形式贴近现实生活，让人感同身受

○非常不同意 ○不同意 ○不一定

○同意 ○非常同意

13. 景区的各类仪式活动体验互动性高，易于激发情感

○非常不同意 ○不同意 ○不一定

○同意 ○非常同意

第二部分：内部条件因素方面

14. 我本身就对雨花台风景区的红色文化很向往，所以我在游览时容易产生情感共鸣

○非常不同意 ○不同意 ○不一定

○同意 ○非常同意

15. 我对雨花台风景区红色文化有一定的了解，使我产生角色置换，从而产生情感共鸣

○非常不同意 ○不同意 ○不一定

○同意 ○非常同意

16. 我对于雨花台风景区投入了很多感情，能很快融入红色氛围，产生情感共鸣

○非常不同意 ○不同意 ○不一定

○同意 ○非常同意

17. 我依据现有的知识水平，能轻松融入景区的红色情境，产生情感共鸣

○非常不同意 ○不同意 ○不一定

○同意 ○非常同意

第三部分：情感共鸣产生方面

18. 使我产生了对国家的认同感和归属感

○非常不同意 ○不同意 ○不一定

○同意 ○非常同意

19. 使我产生了对政党的认同感和归属感

○非常不同意 ○不同意 ○不一定

○同意 ○非常同意

20. 使我产生了对历史和民族的认同感和归属感

○非常不同意　○不同意　○不一定

○同意　○非常同意

21. 使我转变了对生活的态度，更加积极向上

○非常不同意　○不同意　○不一定

○同意　○非常同意

22. 使我坚定并提升了个人理想信念和价值观

○非常不同意　○不同意　○不一定

○同意　○非常同意

第四部分：旅游者基本信息

23. 您的性别为

○女　○男

24. 您的年龄是

○18 岁以下　○18～30 岁　○31～50 岁

○50 岁以上

25. 您的政治面貌

○党员（含预备党员）　○团员　○群众

26. 您现在从事的职业是

○国家政府机关、企事业单位人员　○个体经营人员

○自由职业人员　○学生　○离退休人员

○其他

27. 您的受教育程度是

○高中及以下　○大专　○本科

○硕士及以上

28. 您的个人月收入

○3 000 元以下　○3 000～5 000 元　○5 000～7 000 元

○7 000～9 000 元　○9 000 元以上

29. 您来过雨花台风景区的次数约为

○0 次　○1～3 次　○4～6 次

○7～9 次　○10 次及以上

30. 您来雨花台风景区的目的有哪些

○对革命历史、红色文化感兴趣　○瞻仰缅怀革命先烈

○科学考察与研学　○单位或学校组织团建

○休闲观光　○其他

附录 C

红色文化遗产活化体验与旅游者持续参与意愿的调查

尊敬的先生/女士：您好！我是南京晓庄学院的学生。非常感谢您抽出宝贵的时间参与本次问卷调查，本次调研旨在了解红色旅游背景下，红色文化遗产活化体验质量对旅游者持续参与意愿的影响。请您根据本人的实际经历与自身感知填写，本次调研将采用匿名的方式，不会泄露您的任何隐私，请您放心填写！再次感谢您的支持与配合！

一、主体部分

1. 您对雨花台烈士纪念馆体验的各项评分是？

	很不满意	不满意	一般	满意	很满意
展厅结构布局	○	○	○	○	○
藏品展陈介绍	○	○	○	○	○
解说服务水平	○	○	○	○	○

2. 您对风景区烈士纪念碑、纪念长廊的体验评价是？

	很不同意	不同意	一般	同意	很同意
景观真实地反映了红色文化	○	○	○	○	○
展陈方式真实地再现了历史	○	○	○	○	○
营造了红色文化氛围	○	○	○	○	○

3. 您对雨花台风景区文化产品（如观光车、雨花石、雨花茶）的体验是？

	很不同意	不同意	一般	同意	很同意
挖掘了红色文化内涵	○	○	○	○	○
文化产品价格合理	○	○	○	○	○
有鲜明的文化特色	○	○	○	○	○

4. 您在南京雨花台风景区的红色文化遗产活化体验质量更符合哪种表述？

	很不同意	不同意	一般	同意	很同意
这里的体验超出了我的心理预期	○	○	○	○	○
给我带来了高质量的红色文化遗产活化体验	○	○	○	○	○
与其他地方相比，这里给我的体验更好	○	○	○	○	○
这里的体验让我感到难忘	○	○	○	○	○
这里的体验值得回忆	○	○	○	○	○

5. 您在南京雨花台风景区的学习收获更符合哪种表述？

	很不同意	不同意	一般	同意	很同意
来这参观，增强了红色文化遗产保护意识	○	○	○	○	○
来这参观，提高了对红色文化遗产价值的认识	○	○	○	○	○
来这参观，丰富了红色文化遗产知识	○	○	○	○	○
此次南京雨花台风景区之旅加深了我对红色文化遗产的热爱之情	○	○	○	○	○
此次南京雨花台风景区之旅使我更愿意参与到红色文化遗产的保护中来	○	○	○	○	○

6. 您在南京雨花台风景区旅游的价值感知更符合哪种表述？

	很不同意	不同意	一般	同意	很同意
来这参观，花费的钱与所得的旅游体验相比是值得的	○	○	○	○	○
与付出的成本相比，我在此次旅游经历中获益更多	○	○	○	○	○
我感觉此次出游选择南京雨花台风景区是值得的	○	○	○	○	○
此次旅游经历给我带来了很大的价值	○	○	○	○	○

7. 您对此次雨花台风景区之旅的满意程度是？

	很不同意	不同意	一般	同意	很同意
来这参观，与游览前预期相比，我感到满意	○	○	○	○	○
来这旅游体验超出了我的心理预期	○	○	○	○	○
与我之前在其他城市景区的旅游经历相比，此次旅游体验让我更满意	○	○	○	○	○
总的来说，我对此次旅游经历感到满意	○	○	○	○	○
总的来说，此次旅游经历让我很开心	○	○	○	○	○

8. 您此次雨花台风景区旅游之后的情况是？

	很不同意	不同意	一般	同意	很同意
我愿意再来南京雨花台风景区旅游	○	○	○	○	○
我愿意把南京雨花台风景区推荐给我的亲朋好友	○	○	○	○	○
我愿意与他人分享自己在雨花台风景区游览的经历					

二、背景信息部分

9. 您的性别

○男　○女

10. 您的年龄

○18岁及以下　○19～25岁　○26～35岁

○36～45岁　○46～59岁　○60岁及以上

11. 您的职业是

○事业单位/公务员/政府工作人员　○私企工作者

○军人　○学生　○自由职业者

○退休人员　○待业　○其他

12. 您的受教育程度

○初中及以下　○高中或者中专　○本科或者大专

○硕士及以上

13. 您的平均月收入

○2 000元以下　○2 000～5 000元　○5 000～10 000元

○10 000元以上

14. 近五年中，您参加的红色旅游次数是

○0次　○1～5次　○6～10次

○11次及以上

15. 请问您之前来过南京雨花台风景区吗

○是　○否

附录 D

红色旅游中的互动仪式与游客体验价值共创意向的调查

您好！我是南京晓庄学院旅游管理专业的学生，为了了解互动仪式链理论对雨花台风景区红色旅游体验价值共创行为的影响程度，我正在进行一项问卷调查，希望您能如实填写这份问卷，以便于我对影响旅游者体验分享行为的因素进行全面的了解。本问卷采用不记名形式，数据由后台统一处理，感谢您的支持！

第一部分：旅游体验与行为调查

1. 以下题目将了解您对雨花台风景区功能空间设计的满意程度，请您根据实际情况进行判断。

	非常不同意	比较不同意	一般	比较同意	非常同意
景区休憩空间的设计是舒适、合理的	○	○	○	○	○
景区内游步道的设计是方便、合理的	○	○	○	○	○
景区内开放空间（广场等）的设计是宽敞、整洁的	○	○	○	○	○

2. 以下题目将了解您对雨花台风景区文化符号的认可程度，请您根据实际情况进行判断。

	非常不同意	比较不同意	一般	比较同意	非常同意
烈士群雕像能够象征为民族解放而无畏牺牲的精神	○	○	○	○	○
纪念碑能够象征烈士高大的形象	○	○	○	○	○
忠魂亭/花钟能够起到警示后人的作用	○	○	○	○	○
长明灯能够象征烈士精神永不泯灭	○	○	○	○	○

3. 以下题目将了解您对雨花台风景区旅游氛围的感知，请您根据实际情况进行判断。

	非常不同意	比较不同意	一般	比较同意	非常同意
在红色旅游中，我能感知到景区庄严的氛围	○	○	○	○	○
在红色旅游中，我能感知到景区沉重的氛围	○	○	○	○	○
在红色旅游中，我能感知到景区哀思的氛围	○	○	○	○	○

4. 以下题目将了解您对雨花台风景区独有特色的认同程度，请您根据实际情况进行判断。

	非常不同意	比较不同意	一般	比较同意	非常同意
该景区的特色表现在它是雨花英烈的殉葬地	○	○	○	○	○
该景区的特色表现它是雨花英烈精神的象征	○	○	○	○	○
该景区的特色表现在它是民主革命纪念地	○	○	○	○	○

5. 以下题目将了解您在雨花台风景区旅游过程中的互动行为，请您按实际情况进行判断。

	非常不同意	比较不同意	一般	比较同意	非常同意
该景区对我来说是有吸引力的	○	○	○	○	○
该景区的旅游时间和线路安排是合理的	○	○	○	○	○
我喜欢该景区的红色旅游氛围	○	○	○	○	○
我愿意与我想要认识的陌生游客主动谈话	○	○	○	○	○
与陌生游客交往时，我是一个有趣的、愿意分享的人	○	○	○	○	○
我和其他游客在旅游体验、兴趣方面没有共鸣	○	○	○	○	○
景区服务人员服务态度热情友好	○	○	○	○	○
讲解员的讲解详细有趣	○	○	○	○	○
景区服务人员能够帮助我解决游览过程中遇到的问题	○	○	○	○	○

6. 以下题目将了解您在红色旅游过程中的功能性体验价值，请您根据实际情况进行判断。

	非常不同意	比较不同意	一般	比较同意	非常同意
景区所在地的交通很便利	○	○	○	○	○
景区所在地的食、宿、娱等配套设施很齐全	○	○	○	○	○
景区所在地的治安情况、活动设施很安全	○	○	○	○	○
景区服务人员能及时帮助我解决游玩过程中遇到的问题	○	○	○	○	○
景区服务人员很有礼貌，态度友善	○	○	○	○	○

7. 以下题目将了解您在红色旅游过程中的认知性体验价值，请您根据实际情况进行判断。

	非常不同意	比较不同意	一般	比较同意	非常同意
该景区让我学习到革命历史文化知识	○	○	○	○	○
该景区让我感受到革命烈士无私奉献的精神	○	○	○	○	○
该景区激发了我对革命历史文化知识的学习兴趣	○	○	○	○	○
该景区激发了我的爱国热情	○	○	○	○	○

8. 以下题目将了解您在雨花台风景区旅游过程中的情感性体验价值，请您根据实际情况进行判断。

	非常不同意	比较不同意	一般	比较同意	非常同意
在该景区进行红色旅游对我而言很有吸引力	○	○	○	○	○
在该景区进行红色旅游能让我的精神得到升华	○	○	○	○	○
在该景区进行的红色旅游能缓解我日常生活的压力	○	○	○	○	○
在该景区进行的红色旅游能让我留下难忘的回忆	○	○	○	○	○
在该景区进行的红色旅游经历加深了我与同行者的感情	○	○	○	○	○

9. 以下题目将了解您在雨花台风景区旅游过程中的社会性体验价值，请您根据实际情况进行判断。

	非常不同意	比较不同意	一般	比较同意	非常同意
在此次红色旅游中我结识了新朋友	○	○	○	○	○
在此次红色旅游过程中我展示了我个性的一面	○	○	○	○	○
此次红色旅游经历增长了我的旅游经历、见识	○	○	○	○	○
我乐于将在该旅游地的红色旅游经历分享给他人	○	○	○	○	○
在该旅游地开展的红色旅游使我获得社会共鸣	○	○	○	○	○

10. 以下题目将了解您在雨花台风景区的游客参与行为，请您根据实际情况进行判断。

	非常不同意	比较不同意	一般	比较同意	非常同意
我会通过网络、熟人或者旅行社等渠道了解该景区的信息	○	○	○	○	○

（续）

	非常不同意	比较不同意	一般	比较同意	非常同意
我会通过线上或线下的方式将我的红色旅游经历分享给别人	○	○	○	○	○
我会在红色旅游过程中关心该景区的文化氛围	○	○	○	○	○
我愿意在红色旅游过程中与其他人、事进行互动	○	○	○	○	○

11. 以下题目将了解您在雨花台风景区的游客公民行为，请您根据实际情况进行判断。

	非常不同意	比较不同意	一般	比较同意	非常同意
我愿意配合该景区对游客建议的收集	○	○	○	○	○
我会配合景区的旅游规则，避免对其他人、事产生不利影响	○	○	○	○	○
我愿意对在旅游中对遇到困难的人伸出援手	○	○	○	○	○
我愿意接受该景区因失误造成服务瑕疵后诚心的补偿措施	○	○	○	○	○

12. 以下题目将了解您对雨花台风景区的游后行为意向，请您根据实际情况进行判断。

	非常不同意	比较不同意	一般	比较同意	非常同意
我有兴趣重游该景区	○	○	○	○	○
我愿意再次参加该景区的红色旅游	○	○	○	○	○
我愿意更频繁地到该景区参加红色旅游	○	○	○	○	○
我会向他人推荐参加该景区的红色旅游	○	○	○	○	○

13. 您对雨花台风景区的整体印象是?

○非常不满意　　○不满意　　○无所谓

○满意　　○非常满意

第二部分：基本情况调查

14. 您的性别

○男　　○女

15. 您的年龄

○18 岁以下　○18～30 岁　○31～45 岁

○46～60 岁　○60 岁以上

16. 您的政治面貌

○中共团员　○中共党员（含预备党员）○其他党派

○群众

17. 您的文化程度

○高中及以下　○专科　○本科

○硕士及以上

18. 您的职业

○政党机关、事业单位工作者　○普通公司职员

○个体经营户　○自由职业者　○学生

○离退休人员　○其他

19. 您的个人月收入

○3 000 元以下　○3 000～5 000 元

○5 000～7 000 元　○7 000～9 000 元

○9 000 元以上

20. 您去过几次雨花台风景区？

○1～2 次　○3～5 次　○5 次以上

21. 请问您选择雨花台风景区进行红色旅游的原因是？

○革命历史的吸引　○悼念爱国先烈　○休闲观光

○科学考察和研学　○学校、单位安排的团建

○其他

22. 请问您主要通过哪些渠道获取雨花台风景区的旅游信息？

○旅游网站　○短视频 App　○景区官方微信平台、微信公众号

○旅行社　○朋友、熟人